Victor von Strauss

LAO-TSE'S TAO-TE-KING

mit Erläuterung und Anmerkungen

herausgegeben
von

Dr. Harun Pačić

Bibliografische Information der Deutschen Nationalbibliothek:
Die Deutsche Nationalbibliothek verzeichnet diese Publikation
in der Deutschen Nationalbibliografie; detaillierte
bibliografische Daten sind im Internet über http://dnb.dnb.de
abrufbar.

Herstellung und Verlag: BoD – Books on Demand, Norderstedt

ISBN: 978-3-7543-7310-1

Inhaltsverzeichnis

Vorwort

Aus Anlass des 150. Jahres nach dem Erscheinen der *beiden ersten* Übersetzungen des Tao-Te-King ins Deutsche, 28 Jahre nach der Übertragung ins Französische durch Stanislas Julien im Jahre 1842, gebe ich *eine* der beiden Übersetzung, jene von Victor von Strauss, unter Einschluss von *Erläuterungen* heraus, die *seine* Bemerkungen in gedrängter Form enthalten; ich habe sie in [eckigen] Klammern *in* die Übersetzung eingebaut, damit sie *mitgelesen* werden können. Zeichensetzung, Satzgliedfolge und Rechtschreibung sowie Ausdrucksweise sind behutsam an den neueren Sprachgebrauch angepasst worden. Alledem liegt die folgende Ausgabe zugrunde:

Laò-tsè's Taò-Tĕ-Kīng. Aus dem Chinesischen ins Deutsche übersetzt, eingeleitet und commentirt von Victor von Strauss. Leipzig, Verlag von Friedrich Fleischer. 1870.

In der im gleichen Jahr (1870) veröffentlichten Fassung von Reinhold von Plänckner verschwimmt die *Übersetzung* mit der *Interpretation*; ich habe daher von ihrem Abdruck abgesehen.[1]

Ergänzende Hinweise gebe ich in den *Fußnoten*, fokussiere dabei auf *Ethik* und nehme auf die Werke von Stanislas Julien und Paul Carus Bezug:

Stanislas Julien, Lao Tseu Tao Te King, Le Livre de la Voie et de la Vertu, Paris 1842.

Lao-Tze's Tao Teh King, By Dr. Paul Carus, The Open Court Publishing Co., Chicago 1898.

Wien, im Dezember 2020.   Der Herausgeber.

---

[1] Lao-tse Táo-Tĕ-King. Der Weg zur Tugend. Aus dem Chinesischen übersetzt und erklärt von Reinhold von Plaenckner. Leipzig: F. A. Brockhaus. 1870.

1. Kapitel.

TAÒ [ist der Grund des Seins], [der weder durch »Weg, Wort« noch durch »Vernunft« übersetzt, sondern allenfalls nur durch »Gott« wiedergegeben werden kann;] KANN ER [als Grund aller Erkenntnis und Lehre zur Sprache gebracht, in's Wort gefasst und] AUSGESPROCHEN WERDEN, [so] IST [er jedoch] NICHT [Gott *als der Ewige*,] DER EWIGE TAÒ.[1]

---

[1] V. v. Strauss sagt „der" Tao, sowohl im Hinblick auf „den" (Ur-)Grund des Seins als auch auf (den) „Gott". St. Julien hat „das" Tao als „Weg" (la Voie) übersetzt. Hans von Ess, Der Daoismus, Von Laozi bis heute, C.H. Beck, München 2011, S. 13, hielt fest, dass mit „Tao" der „rechte Weg" gemeint sei, im Sinne von „Methode" und „moralisch korrektem Benehmen". Vgl. Pierre Martin, Dao-De-Ging (Tao-Te-King), hrsg. von M.P. Steiner, Die Gnosis im Alten China, Edition Oriflamme, Basel 2013, mit Bezug auf den „rechten Weg".

Enno v. Denffer, Die Weisheit des Tao Te King, BoD, Norderstedt 2017, begreift „Tao" als „Geist", und Matthias Schossig, Tao-Te-King, Guidance from the Eternal, Artemis Publishing, USA 2011, übersetzt es mit „Eternity". P. Carus wählt das Wort „reason", also Vernunft, Grund.

Zensho W. Kopp, Lao-tse Tao Te King, Das Buch vom Tao und der Wirkkraft, EchnAton, ohne Ort 2017, S. 25, lässt „Tao" unübersetzt, deutet es *nicht* als Gott, nennt es aber den „Urgrund allen Seins" (S. 17). Günther Debon, Lao-tse Tao-Tê-King, Das Heilige Buch vom Weg und von der Tugend, Reclam, Stuttgart 2016, § 1, und Hans J. Knospe mit Odette Brändli, Lao Tse Tao-Te-King, Diogenes, Zürich 1990, S. 1, geben „Tao" mit „Weg" wieder.

Richard Wilhelm, Laotse, Tao te king, 2. Auflage, Fischer, Frankfurt am Main 2014, S. 9, hat das Wort „Sinn" verwendet. Die Gesamtheit der Lehren, die von den alten Königen tradiert worden seien, sei darin enthalten, doch habe Laotse „Tao" nicht in „historischer Begrenztheit", sondern als überzeitlichen Begriff verstanden (S. 99).

Vielleicht ist es angebracht, „Tao" als „die *Sitten*" und das „ewige" Tao als die davon losgelöste „*Sittlichkeit*" zu übersetzen. „Te" wäre als „Tugend" die Haltung der Sittlichkeit, die zu „Tun ohne Zutun" anhält. Das Tao-Te-King ist (*so* gesehen) ein Buch, das von der *Ethik* handelt.

DER NAME [Gottes], KANN ER [*so*] GENANNT WERDEN, [dass er –
hier als »Taò« – die geheimnisvolle, verborgene Wesenheit von
Gott zu bezeichnen gedacht ist,] IST NICHT DER [unzugängliche
oder (auch) unzulässige] EWIGE NAME [Gottes, denn nennbar ist
das, was ihn ausmacht, nur, sofern Gott selbst *sich* ausspricht,
sich erweist, sein Wesen offenbart, also als *Logos* sprachlichen
Ausdruck zulässt].[1]

DER NAMENLOSE [,] [weil Unnennbare,] IST [Gott als] HIMMELS
UND DER ERDEN [,] [der zwei Grundpotenzen der Welt,] URGRUND
[oder Anfang]; DER NAMEN-HABENDE IST [Gott als der Myriaden,
d. h.] ALLER WESEN [oder Dinge] MUTTER [,] [in *dem* Sinne, dass
Gott sie – so wie die Mutter ihr Kind – in ein selbständiges, von
ihm abgelöstes Dasein heraustreten lässt, wiewohl er sie auch
ferner erfasst, nährt, erzieht, erhält u. s. w.].[2]

DARUM [ist gesagt worden:]

---

[1] Vgl. dazu Ludwig Wittgenstein, Logisch-philosophische Abhandlung,
Suhrkamp, 34. Auflage, Frankfurt am Main 2013, Vorwort (S. 7): „Was
sich überhaupt sagen läßt, läßt sich klar sagen; und wovon man nicht
reden kann, darüber muß man schweigen." Im Satz 6.41 (S. 107) sagte
er: „Der Sinn der Welt muß außerhalb ihrer liegen." Dann fuhr *er* fort
(Sätze 6.42 und 6.421, S. 108): „Darum kann es auch keine Sätze der
Ethik geben. Sätze können nichts Höheres ausdrücken. Es ist klar, daß
sich die Ethik nicht aussprechen läßt. Die Ethik ist transcendental."
[2] Eine andere Lesart des Satzes lautet in Übersetzung von V. v. Strauss:
»Das Nichtsein nennt man Himmels und der Erden Anfang; das Sein
nennt man aller Wesen Mutter.« Wir finden sie bei: Jan Julius Lodewijk
Duyvendak, Tao Te Ching, The Book of the Way and its Virtue, London
1954. R. Wilhelm las „Jenseits" bzw. „Diesseits" des Nennbaren (S. 9).

Vielleicht ist es adäquat, mit Lutz Geldsetzer und Han-ding Hong,
Chinesische Philosophie, Reclam, Stuttgart 2008, im Tao-Te-King das
Nichts in den Fokus zu rücken, das mit „Tun ohne Zutun" („Wu Wei")
bereits in Aussicht gestellt wurde – es meint das „Handeln des Nichts"
im Sinne eines „Zur-Wirkung-gelangen-lassens" (S. 80). Die Textstelle
hat – in Worten von Martin Heidegger, Was ist Metaphysik? 16. Aufl.,
Vittorio Klostermann, Frankfurt am Main 2007 – wohl *diesen* Sinn: „Im
Sein des Seienden geschieht das Nichten des Nichts" (S. 38).

»WER STETS BEGIERDENLOS, [also frei von Unruhe und Trübung des Herzens durch Wünschen und Trachten,] DER SCHAUET SEINE GEISTIGKEIT, [die als völlige Innerlichkeit nur in der tiefsten und stillsten Verinnerlichung wahrzunehmen ist,]

WER STETS BEGIERDEN HAT, DER SCHAUET [die Myriaden Wesen oder Dinge als] SEINE AUßENHEIT [Äußerlichkeit, Umgrenzung].«[1]

DIESE BEIDEN [,] [*Gott*, der einerseits namen*los*, andererseits *mit* Namen ist,] SIND DESSELBEN [schöpferischen] AUSGANGS [bei der Schöpfung] UND [dennoch ist er] VERSCHIEDENEN NAMENS [,] [sodass »Tao« *nicht* der unnennbare Name ist].[2] ZUSAMMEN [als Eins und Dasselbe] HEIßEN SIE TIEF [unfassbar, abgründig], DES TIEFEN ABERMALS TIEFES [,] [also die Grenze aller Spekulation und zugleich ihr unerschöpflicher Quellborn); [alles Geistigen oder] ALLER GEISTIGKEITEN PFORTE [d. i. Ausgang und Eingang des rein Geistigen; des Wesentlichen].[3]

---

[1] Bei G. Debon (S. 25) und Z.W. Kopp (S. 25) ist ebenso das Begehren angesprochen, bei H.J. Knospe und O. Brändli (S. 1) *als* ein Haben von Wünschen, wohingegen es bei R. Wilhelm (S. 9) hier um „Streben nach dem Ewig-Jenseitigen bzw. dem Ewig-Diesseitigen" geht. Nach Ursula K. Le Guin, Lao Tzu Tao Te Ching, A Book about the Way and the Power of the Way, Shambhala, Boston/London 2009, wird gesagt, dass eine "ever-wanting" Seele nur *das* sehe, was sie sehen *wolle* (S. 2).

[2] Bei den Worten »diese Beiden« ist nicht klar, ob sie sich auf Nichtsein und Sein, Geistigkeit und Außenheit, den Urgrund und die Mutter oder auf den Menschen *mit* und jenen *ohne* Begierden beziehen. Vielleicht geht es darum, dass Sittlichkeit nicht als Weisheit *gewiesen* (gelehrt) werden *soll*, weil sie sich sonst nicht als Heiligkeit „von selbst" (Zi Ran) *erweisen* kann – sie *zeigt* sich in der sittlichen Tat: was verborgen ist, offenbart sich. Vgl. L. Geldsetzer/H.-d. Hong, Chinesische Philosophie, S. 26 ff. („Nei Sheng Wai Wang – Das Heilige im Innern nach außen zur Herrschaft bringen").

[3] R. Wilhelm sah das All-Eine angesprochen, das mit der Figur „Tai Gi" (Uranfang) angedeutet sei, „Wu Gi" (Nichtanfang) sei das noch *tiefere* Geheimnis (S. 99 f.). Vielleicht geht es an dieser Stelle aber „bloß" um das stete (Austausch-)Verhältnis von (Geistes-)Haltung und Verhalten.

2. Kapitel.

ERKENNEN ALLE IN DER WELT DES [sittlich] SCHÖNEN SCHÖN-SEIN, [weil es erfreulich und anziehend ist,] DANN AUCH [sogleich] DAS HÄSSLICHE [,] [weil es beleidigend und abstoßend ist]; ERKENNEN ALLE DES [sittlich] GUTEN GUT-SEIN, DANN AUCH DAS NICHT-GUTE [,] [d. i. das Böse].[1]

---

[1] Nach G. Debon (S. 26) ist die Hässlichkeit „erst seit" dem Wissen von der Schönheit gegeben. H.J. Knospe und O. Brändli (S. 2) zufolge kann das Schöne erkannt werden, *weil* es das Hässliche gibt. Z.W. Kopp (S. 26) und R. Wilhelm (S. 10) geben – wie V. v. Strauss – zu verstehen, dass mit der Erkenntnis des Schönen bzw. Guten *sofort* die Erkenntnis der Negation derselben verständlich werde. St. Julien hat in Klammern deutlich gemacht, dass es hier um das *sittlich* Schöne bzw. Unschöne, d. h. um Tugend(en) und Laster geht.

Vielleicht wird hierdurch dreierlei gesagt: *1.* Nicht allein das Sein, sondern auch das Nichts „wirkt". M. Heidegger (S. 39 f.) drückte es *so* aus: „Das Nicht entsteht nicht durch die Verneinung," „die Verneinung gründet sich" stattdessen „auf das Nicht, das dem Nichten des Nichts entspringt." *2.* Ethik und Ästhetik hängen zusammen. Sigmund Freud hat in einem Brief an Albert Einstein geschrieben: „Wir sind Pazifisten, weil wir es aus organischen Gründen sein müssen. Wir haben es dann leicht, unsere Einstellung durch Argumente zu rechtfertigen." Er sprach von den „ästhetischen Erniedrigungen des Krieges", welche „nicht viel weniger Anteil an unserer Auflehnung haben als seine Grausamkeiten." Entnommen aus: Sigm. Freud, Gesammelte Werke, Bd. XVI, hrsg. von Anna Freud et al. im S. Fischer Verlag, 2. Auflage, Frankfurt am Main 1961, S. 25 f. Ludwig Wittgenstein vermerkte im Tractatus (Satz 6.421, S. 108) bzgl. der Werte, „das Höhere": „Ethik und Ästhetik sind Eins." *3.* Wissen und Handeln lassen sich nicht voneinander ablösen; *so* ist das Wahre mit dem Schönen und Guten verbunden. Vgl. L. Geldsetzer und H.-d. Hong, Chinesische Philosophie [Chin. Phil.], S. 81.

Epiktet sagte in seinem „Handbüchlein der Moral", übers. und hrsg. von Kurt Steinmann, Reclam Nr. 8788, Stuttgart 2012: „Der erste und notwendigste Bereich der Philosophie ist der von der Anwendung ihrer Lehren" (S. 77).

DENN

»SEIN UND NICHTSEIN GEBÄREN EINANDER [,] [bringen einander hervor,][1] [das Eine *ist*, was das Andere *nicht ist*; das Andere *ist*, was das Erste *nicht* ist]:[2]

SCHWER UND LEICHT BEWÄHREN [,] [vollenden] EINANDER,

LANG UND KURZ [stellen dar, gestalten,] ERKLÄREN EINANDER,

HOCH UND NIEDRIG ENTKEHREN EINANDER [in ihrer Andersheit, die entgegengesetzt ist], [doch]

TON UND STIMME FÜGEN SICH EINANDER [durch ihre Andersheit],

[sogar] VORHER UND NACHHER [bilden eine Einheit, denn sie] FOLGEN [auf] EINANDER.«[3]

---

[1] Wiewohl das Sein aus dem Nichts *entsteht*, wie das im 40. Kap. steht, ist das Nichts nur dann zu verstehen, wenn das Sein mit-gedacht wird; vielleicht ist dies eine adäquate Interpretation, um die eine Stelle nicht gegen die andere auszuspielen.

[2] „Wo ‚Dies‘ und ‚Das‘ aufhören, Gegensätze zu sein,“ so Zhuangzi, Das Buch der daoistischen Weisheit, Auswahl, Einleitung und Anmerkungen von Günter Wohlfart, Übersetzung von Stephan Schuhmacher, Reclam Nr. 18256, Stuttgart 2016, S. 50, „da liegt der Angelpunkt des Weges.“

[3] V. v. Strauss erläutert, dass *so* wie Nichtsein, Leicht, Kurz, Niedrig, Stimme und Vorher *nicht ohne* Sein, Schwer, Lang, Hoch, Ton und Nachher ins Bewusstsein treten würden, alle sich auch des Hässlichen erst dann bewusst werden, wenn ihnen das Schöne und das Gute zur Anschauung gebracht und von ihnen als schön und gut erkannt werde.

Marcus Aurelius Antoninus, Selbstbetrachtungen, Übers. und Anm. von Albert Wittstock, Reclam Nr. 1241, Stuttgart 2012, setzte hingegen beim Nicht-Guten an: „Was ist Schlechtigkeit? Nichts anderes, als was du schon oft gesehen hast“ (S. 92).

Vgl. Heraklit, Fragmente, hrsg. von Bruno Snell, Artemis & Winkler, 14. Aufl., Zürich und München 2007, Samml. Tusculum, B 23 (S. 13): „De Rechtes Namen kennten sie nicht, wenn dies nicht wär (das Ungerechte?).“

DAHER BEHARRT DER HEILIGE [oder weise] MENSCH [als ethisches Ideal, das sich durch das sittlich Schöne, Gute auszeichnet,] IM GESCHÄFT DES NICHT-TUNS [,] [denn Vorbild-*sein* ist kein Tun: es ist ein Wirken ohne Werke].[1]

---

[1] Arthur Waley, Lao Tzu Tao Te Ching, Worldsworth, UK 1997, S. 2: „the Sage relies on actionless activity". Stephen Addis und Stanley Lombardo, Tao Te Ching, Hackett, Indianapolis/Cambridge 1993, S. 2: „the Sage is devoted to non-action". St. Julien sprach vom „non-agir". R. Wilhelm lässt den „Berufenen" im „Wirken ohne Handeln" verweilen (S. 10), G. Debon den „Heiligen Menschen" „beim Geschäft des Ohne-Tun" (S. 26), Z.W. Kopp (S. 26) und H.J. Knospe/O. Brändli (S. 2) den „Weisen" „im Nicht-Tun". R. v. Plänckner deutet dies als „Abstraktionen machen". L. Geldsetzer/H.-d. Hong, Chin. Phil., S. 80, machen darauf aufmerksam, dass das Handeln (Wei) hier ein „zur Wirkung gelangen lassen" sei, welches das Wirken der Natur einschließe, zu der auch das Nichts (Wu) gehöre. R. Wilhelm umschrieb das „Wirken ohne Handeln" als ein (S. 101): „Wirkenlassen der schöpferischen Kräfte im und durch das eigene Ich, ohne selbst etwas von außen her dazu tun zu wollen".

Vielleicht ist dieses Tun ohne Zutun als – wie P. Carus übersetzt – „non-assertion" zu verstehen (S. 19), im weitesten Sinne *gewaltfrei* zu handeln, *sich* nicht aufzudrängen, den Dingen nichts aufzuzwängen, *mit* der Natur (verstanden als ein Wie, nicht als ein Was) *in* der Sache zu wirken; das wird im Verlauf des Tao-Te-King zu vermitteln versucht.

Das Denken des „Wu Wei" ist älter als das Tao-Te-King, ist aber wohl erst darin fest mit dem Tao in Verbindung gebracht worden. Vgl. Chen-Yu Chung, Taoistische Gelassenheit, Interkulturelle Bibliothek, Traugott Bautz, Nordhausen 2006, S. 14.

WANDEL, NICHT REDE IST SEINE LEHRE [,] [er predigt nicht].[1] [Er hält an Taò fest, *so*dass er sich wie Taò verhält.][2] ALLE WESEN TRETEN HERVOR UND ER ENTZIEHT SICH [ihnen] NICHT.[3]

---

[1] Nach St. Julien bestehen (ergehen) seine „Anweisungen" in der Stille: „De là vient que le saint homme fait son occupation du *non-agir*. Il fait consister ses instructions dans le silence." Nach P. Carus „the holy man abides by non-assertion and conveys by silence his instructions".

Auf die „Gefahren" der Nachahmung von *Vor*bildern hat L. Annaeus Seneca hingewiesen, als er in „De vita beata", übersetzt und hrsg. von Fritz-Heiner Mutschler, Reclam Nr. 1849, Stuttgart 2012, bemerkt hat: „Am Beispiel anderer gehen wir zugrunde" (S. 7). Konfuzius, (Lun-yu) Gespräche, Aus dem Chinesischen übersetzt und hrsg. von Ralf Moritz, Reclam Nr. 9656, Stuttgart 2008, sagte (IV, 4): „Wollten alle das Gute, dann gäbe es nichts Böses mehr." Vom *Edlen* sagte Konfuzius, er tue erst, wie er denke, dann spreche er, wie er handle (II, 13); *und* wer in seinen Worten nicht maßvoll sei, von dem sei kaum zu erwarten, dass er handle, wie er spreche (XIV, 20).

Johann Wolfgang Goethe, Faust, Der Tragödie Erster Teil, Reclam Nr. 1, Stuttgart 2000, Z. 1237, kam vom „Wort" über „Sinn" und „Kraft" auf die „Tat" zu sprechen: „Im Anfang war die Tat". Vielleicht wäre bei „im" anstelle von „am" Anfang noch passender: Im Anfang *ist* die Tat. Demokrit, Fragmente zur Ethik, Griechisch/Deutsch, Neu übersetzt und kommentiert von Gred Ibscher, Reclam Nr. 9435, Stuttgart 2007, hat das „Wort" gleichsam nur einen „Schatten der Tat" genannt (Frg. 145).

[2] Wenn das ewige Taò die Sittlichkeit ist, aber in der Übersetzung von v. Strauss mit *Gott* gleichgesetzt wird, dann ist Gott *als* „das Ethische" angesprochen, das eine *Kritik* der Sitten gestattet. Wer erschaut hat, wie sich *alles* verhält, und diese Anschauung „unter dem Gesichtspunkt der Ewigkeit" zur „Haltung" macht, ist al*so* gehalten, sich entsprechend zu verhalten. Gott *als* ewiger Weg wird *so* zum Weg oder Willen Gottes. L. Wittgenstein hat am 1.8.1916 im Tagebuch vermerkt: „Wie sich alles verhält, ist Gott. Gott ist, wie sich alles verhält." Abgedruckt auf S. 173 in Band I der Werkausgabe, 22. Aufl., Suhrkamp, Frankfurt/Main 2016.

[3] St. Julien: sie setzen sich in Bewegung und er verwehrt ihnen nichts. P. Carus: „he refuses them not".

Ist zu Beginn des Kap. von *allen* „unter dem Himmel" (vgl. Knospe und Brändli, S. 2) die Rede gewesen, so ist vielleicht nicht bloß ein „auf Erden" (vgl. Debon, S. 26) gemeint, sondern die „Einheit von Himmel und Mensch" als Grundthematik der chinesischen Philosophie tangiert; zum Thema vgl. Geldsetzer/Hong, Chin. Phil., 2. Kap.

ER BELEBT [,] [verhilft ihnen zum Leben,] UND HAT [sie] NICHT [,] [nimmt sie nicht in Pflicht].[1] ER TUT [,] [was er vermag,] UND [doch] GIBT [er] NICHTS D'RAUF [bzgl. Ehre, Vorteil].[2] ER VOLLENDET VERDIENSTLICHES UND BESTEHT NICHT DARAUF.[3]

>>WEIL ER NICHT DARAUF BESTEHT,

DARUM ES IHM NICHT ENTGEHT.<<[4]

---

[1] St. Julien: er bringt sie hervor und eignet sie sich nicht an.

[2] St. Julien: er vervollkommnet sie [bildet/arbeitet sie aus] und rechnet nicht mit ihnen.

[3] St. Julien: er hängt sie sich nicht an [klammer sich nicht daran]. Dem Lied der Gottheit, „Bhagavadgita", Aus dem Sanskrit übers. von Robert Boxberger, hrsg. von H.v. Glasenapp, Reclam Nr. 7874, Stuttgart 2017, ist zu entnehmen:

„Ans Dasein bindet jedes Tun,
Das nicht geschieht aus Opferlichkeit;
Vollbringe darum zwar ein Werk,
Doch hänge an demselben nicht" (S. 33).
„Wer nicht der Taten Frucht erstrebt,
Zufrieden, auf sich selbst gestellt,
Der ist von allem Handeln frei,
Auch wenn er handelt in der Welt" (S. 40).

[4] St. Julien: „Il ne s'attache pas à ses mérites; c'est pourquoi ils ne le quittent point." P. Carus: „Since he does not dwell on it, It will never leave him".

3. Kapitel.

NICHT HOCHSTELLEN [bevorteilen] DIE WEISEN, [d. h. die, die hohe Ämter bekleiden], MACHT DAS VOLK NICHT [über ihre Auswahl und ihre Vorteile] HADERN [und ihren Verdienst aus Neid, Missgunst bestreiten].[1] NICHT HOCHSCHÄTZEN GÜTER SCHWEREN ERWERBS, [d. h. keinen unnützen Luxus zur Schau stellen,] MACHT DAS VOLK NICHT [oder weniger] DIEBSTAHL [und andere Delikte] VERÜBEN.[2]

NICHT ANSEHEN DAS, WAS DIE BEGIER ERREGEN KANN, MACHT DAS HERZ NICHT UNRUHIG.[3]

---

[1] St. Julien: Indem man die Weisen nicht verherrlicht, verhindert man, dass das Volk sich streitet. P. Carus: „Not exalting worth keeps people from rivality". V. v. Strauss notierte: „In China ist der Staat schon sehr früh als die ethische Form des Gemeinlebens erkannt worden, weshalb das Regieren als sittliche Tätigkeit aufgefasst und als ein Teil der Ethik behandelt wird." Die Regierung solle das „Begehren" der Bevölkerung nicht entfesseln.

Das Nicht-Begehren, von dem im 1. Kap. die Rede war, ließe sich vielleicht mit den *drei Wurzeln des Unheils* in Zusammenhang bringen: (Hab-)Gier, Hass und Ignoranz. Vgl. Damien Keown, Der Buddhismus, Aus dem Englischen übersetzt von Ekkehard Schöller & Susanne Lenz, Reclam Nr. 19199, 6. Aufl., Stuttgart 2014, S. 61, 76 ff.; mitzudenken wären mit Nicht-Gier (Nichtbegehren): Nicht-Hass und Nicht-Ignoranz, sodass eine *anhaftende, ablehnende* und *gleichgültige* Geisteshaltung zurückgewiesen wird. Was verbliebe, wäre eine „gütige, freundliche Mitte", die nichts ausschließt, das Ganze in sich spiegelt; das Wandern auf dem Wege des Lebens. Vgl. Byung-Chul Han, Philosophie des Zen-Buddhismus, Reclam Nr. 18185, Stuttgart 2014, S. 19, 86, 121, 125.

[2] St. Julien: „En ne prisant pas les biens d'une acquisition difficile, on empêche le peuple de se livrer au vol".

[3] St. Julien: „le cœur du peuple", des Volkes Herz. Bei P. Carus steht: „Not contemplating what kindles desire keeps the heart unconfused". G. Debon las „Vorzeigen" (S. 27), Knospe/Brändli schreiben „zur Schau stellen" (S. 3). Bei Z. W. Kopp (S. 27) und R. Wilhelm (S. 11) ist der Sinngehalt wie bei V. v. Strauss „verallgemeinert": Es geht zwar immer noch um das Volk, aber wohl schon aus der Perspektive eines an der Regierung beteiligten Weisen. In diesem Sinne übersetzt Wilhelm den Folgesatz: „Also auch ist das die Ordnung des Berufenen".

DAHER LEERT DER HEILIGE MENSCH, WELCHER REGIERT, SEIN HERZ [von allen Begierden, die ihn beunruhigen könnten], FÜLLT SEIN INNERES, [seinen Bauch, d. i. erstarkt innerlich,] SCHWÄCHT SEINEN WILLEN, [d. h. tilgt die Wurzel schädlicher, eigene wie fremde Kraft verzehrender Viel- und Großtätigkeit,] STÄRKT SEIN GEBEIN [,] [festigt also den Charakter].[1]

---

[1] St. Julien: „C'est pourquoi, lorsque le saint homme gouverne, il vide son cœur, il remplit son ventre (son intérieur), il affaiblit sa volonté, et il fortifie ses os." P. Carus: „Therefore the holy man when he governs empties the peoples heart but fills their souls." Carus fährt fort: „He weakens their ambitions but strengthens their backbones". Was Debon (S. 27), Knospe/Brändli (S. 3) und v. Strauss mit „Wille" wiedergeben, das ist „Begehren" bei Kopp (S. 27) und Wilhelm (S. 11). Wilhelm hat bemerkt, das „Herz" bedeute den „Sitz des Begehrens nach äußeren, fremden Dingen" (S. 101).

Vielleicht ist all das so zu verstehen: *1.* das leibliche ist nicht vom geistigen „Ertüchtigen" zu sondern, da die Denk- und Handlungsweise Eins sind; *2.* es geht dabei im Lichte des nachfolgenden Kap. um das, was in der Tat „gebraucht" wird, um für die Tat „brauchbar" zu sein; *3.* diese Tat ist dabei durchgehend als Tun ohne Zutun, als Nicht-Tun begriffen. Byung-Chul Han, Abwesen, Zur Kultur und Philosophie des Fernen Ostens, Merve, Berlin 2007, S. 16 f., sagte dazu: „Der Bauch begehrt nicht." Das Begehren beruhe auf der *Unterscheidung,* die nicht vom Bauch oder von den Knochen, sondern vom Geschmack herrühre. Bauch und Knochen seien „Organe der In-Differenz". Han fügte hinzu, dass das leere Herz den vollen Bauch nicht ausschließe; der Askese in ihrer Verbissenheit liege „viel Begehren zugrunde". Zudem hielt er fest: „Wenn es auch darum geht, dem Körper eine richtige Haltung zu geben, so dient diese Arbeit am Körper nur dem Zweck, ihn zu öffnen, durchlässig zu machen für jene himmlische Lebenskraft, die die ganze Welt belebt, erneuert, harmonisiert und befriedet" (S. 89 f.).

IMMER MACHT ER DAS VOLK NICHTS KENNEN, NICHTS BEGEHREN; [nichts, was Hader, Diebesgelüst, Herzensunruhe erregt, und] MACHT ER, DASS DIE, WELCHE [solches] KENNEN, [aus Respekt vor *seiner* Zurückhaltung] NICHT WAGEN [aufzubegehren und Böses] ZU TUN.[1]

---

[1] St. Julien: „Il s'étudie constamment à rendre le peuple ignorant et exempt de désirs. Il fait en sorte que ceux qui ont du savoir n'osent pas agir. Il pratique le *non-agir*, et alors il n'y a rien qui ne soit bien gouverné". P. Carus: „Always he keeps the people unsophisticated and without desire. He causes that the crafty do not dare to act. When he acts with non-assertion, there is nothing ungoverned".

Rainald Simon, Laozi, Daodejing, Das Buch vom Weg und seiner Wirkung, Reclam, Stuttgart 2009, S. 19 f., liest eine „zynische" Grundhaltung heraus, die nicht in apologetischer Weise verdeckt werde solle; verstörende Inhalte solle man nicht hinwegglätten, denn dies schaffe eine „falsche, biedere *Dao*-Seligkeit, die der Widersprüchlichkeit, ja Anstößigkeit des Textes nicht" entspreche.

Geldsetzer/Hong, Chin. Phil., S. 82, lesen das Kapitel so, dass unter der Regierung des Heiligen sich sein, d. i. des Volkes, Bewusstsein vom „falschen" Wissen leere, sein Bauch fülle, sein Wille schwach und seine Knochen stark würden; er wirke dahin, dass das Volk das Nichts kenne, das Nichts begehre, und dass die „sogenannten" Wissenden nicht zu handeln wagen. Sie halten fest, dass dann, wenn Tao als dialektische Einheit von Sein und Nichts erkannt wird, es *überall* und deshalb auch im Staate nur in der Verschmelzung von Sein und Nichts zur Wirkung gelange (S. 83).

Tᴜᴛ ᴇʀ ᴅᴀs Nɪᴄʜᴛ-Tᴜɴ, [d. h. ist sein Tun ohne Tun, im Sinne einer sittlichen Potenz, der ethischen Autorität,] ᴅᴀɴɴ ᴍᴀɴɢᴇʟᴛ'ꜱ ɴɪᴄʜᴛ ᴀᴍ Rᴇɢɪᴇʀᴇɴ.[1]

---

[1] Hubert Schleichert/Heiner Roetz, Klassische chinesische Philosophie, 3. Aufl., Vittorio Klostermann, Frankfurt am Main 2009, S. 123, deuten das Nicht-Tun als Vermeiden eines Übermaßes an politischer Aktivität.

Geldsetzer und Hong, Chin. Phil., S. 82: „Da er (das) Nichts handeln lässt, herrscht nicht das Nichts." Mit Byung-Chul Han, Philosophie des Zen-Buddhismus, Reclam Nr. 18185, Stuttgart 2014, S. 12 f., ließe sich das vielleicht *so* ausdrücken: „Das Nichts besagt, dass *nichts herrscht.* Es äußert sich nicht als ein *Herr.*" Sittlichkeit lässt sich nicht erzwingen, indem Sitten durchgesetzt werden. Ethik bindet nicht durch Macht, sie ver-bindet „von selbst".

4. Kapitel.

TAÒ IST LEER, [das absolute Subjekt,] UND [dabei] GEBRAUCHT ER D[i]ES[e Leere], [um sie mit dem Seienden zu füllen, doch] WIRD ER [selbst dadurch] NIE GEFÜLLT.[1] EIN ABGRUND, OH![2] [Wie] GLEICHT ER [,] [der grundlose Grund von Allem,] ALLER WESEN URVATER [,] [er ist wie ein Ahnherr des Universums].[3]

---

[1] St. Julien: Tao ist leer (das Leere); macht man davon Gebrauch, so scheint es unerschöpflich – „Le Tao est (le) vide; si l'on en fait usage, il paraît inépuisable." Bei P. Carus steht: „Reason is empty, but its use is inexhaustible." G. Debon (S. 28) sag: „raumleer".

Nach R. Simon, Daodejing, bezeichnet „Dao" („Tao") das begrifflich nicht fassbare Urprinzip des Seins (S. 9); wer beständig im Dasein sei, habe den Wunsch, dadurch seine Grenzen zu erkennen; wer beständig im Nicht-Dasein sei, wünsche dadurch seine „feinen Verästelungen" zu erkennen (Kap. 1). Im 4. Kap. stehe „Dao" für die „leere unendliche Potentialität (S. 21).

Zhuangzi (Reclam, S. 70, 114): „Leere ist das Fasten des Geistes", „Sei einfach nur leer, das ist alles. Der Geist des Höchsten Menschen funktioniert wie ein Spiegel". Als „Abwesen" macht die Leere „Jemand zu Niemand". Vgl. B.-Ch. Han, Abwesen, S. 18.

[2] Das Taò mag abgründig sein, doch ist es vielleicht angebracht darauf hinzuweisen, dass es sich nicht „verbirgt", sich nicht entzieht, sondern sich zeigt, sich erweist – war doch im 1. Kap. von der „Pforte" zu lesen; die Sittlichkeit ist nicht ersichtlich wie die Sitten, aber sie ist zugänglich. Vgl. B.-Ch. Han, Abwesen, S. 101. „Abgründig" könnte in Anknüpfung an Han als „vielfältig" zu verstehen sein (S. 112 f.).

[3] St. Julien: „Il semble le patriarche de tous les êtres." P. Carus: „It resembleth the father of the ten thousand things".

Khalil Gibran, Der Prophet, Aus dem Englischen übersetzt von Theo Kierdorf, Reclam Nr. 19082, Stuttgart 2013, Kap. 28, S. 71: „Vage und im Nebel ist der Anfang aller Dinge, aber nicht ihr Ende."

Nach R. Simon (S. 11) entspricht dem *Dao*-Begriff der „Logos" des Heraklit. Vgl. Heraklit, Frgm. B 2: „Obwohl aber der Sinn allgemein ist, leben die Vielen, als hätten sie ein Denken für sich." Frgm. B 116: „Den Menschen allen ist zuteil, sich selbst zu erkennen und verständig zu denken". Frgm B 113: „Gemeinsam ist allen das Denken."

»ER BRICHT SEINE SCHÄRFE [oder Spitze], [das schneidig
Durchdringende seines Wesens, damit die Dinge davon nicht
zerstört, die Wesen nicht unfrei werden,]
STREUT AUS SEINE FÜLLE, [eröffnet sich ihnen im Darreichen
und Mitteilen, in seiner Güte,]
MACHT MILDE SEIN GLÄNZEN, [weil sie sonst die strahlende
Herrlichkeit seines Wesens nicht ertragen könnten,]
WIRD [in letzter Konsequent] EINS SEINEM STAUBE [,] [dem
Vergänglichen, dieser Welt].«[1]
TIEFSTILL – ALS OB ER DA-WÄRE [existiere].[2]

---

[1] Die Verse beziehen sich entweder auf Tao oder auf den, der Tao hat;
sie kommen auch in Kap. 56 vor, weshalb z. B. Debon (S. 115) meinte,
sie seien hier deplatziert.

V. v. Strauss sah im letzten Vers „die Idee einer Synthesis Gottes
mit der Creatur"; eine Idee, „deren Verwirklichung der Mittelpunkt des
Christentums" sei (S. 25).

[2] Der Weise lehrt durch Stille – das ist im 2. Kap. gesagt worden. Das
Schweigen ist vielleicht nicht *nötig*. Er schweigt nicht, weil sich nichts
davon, was er meint, sagen lässt, sondern, weil es unangebracht wäre:
was sich zeigt, das zeigt sich *un*-mittelbar; und es zu *ver*-mitteln würde
un-nötige Distanz schaffen. B.-Ch. Han, Abwesen, S. 132, bemerkte:
„Man verzichtet auf die Sprache nicht wegen eines Zuwenig, sondern
wegen eines Zuviel." Die Sprache ist nicht gänzlich untauglich, sondern
umständlich, denn „wir" wären es dann, die das Taò weisen würden,
obwohl er sich doch *selbst* zeigt, von selbst erweist – das ist demnach
überzeugender als unser Zeugnis. Das Schweigen „verweist" also nicht
auf Unsagbares; nichts wird „verschwiegen", das Schweigen ist „leer"
– wir sind, so sagte es Han, „ein Mit-Teil des Geschehens" (S. 132 f.)

24

ICH WEIß NICHT,[1] WES SOHN ER IST [,] [d. h. nichts ist bekannt, was ihm vorausgehen oder vorausgegangen sein könnte].[2] ER ZEIGT SICH ALS DES HERRN VORGÄNGER.[3]

---

[1] „Lao-tse", der „alte Gelehrte", ist nicht der *Name* der Person, die das (vorchristliche) Tao-Te-King verfasst hat. Vgl. Alfred Forke, Geschichte der alten chinesischen Philosophie, 2 Aufl., Cram, De Gryter, Hamburg 1964, S. 249 ff.

[2] St. Julien: „Il semble le patriarche de tous les êtres. [...] Il semble subsister éternellement. J'ignore de qui il est fils; il semble avoir précédé le maître du ciel."

[3] P. Carus: „Before the Lord, Reason takes precedence." G. Debon (S. 28) gab den Satz als ein *Bild* davon wieder, was „vor den Göttern" war. Knospe/Brändli sprechen vom „ursprünglichen Bild des Ursprungs des Himmels" (S. 4) und Z.W. Kopp schreibt, das Tao scheine "dem Himmel selbst" vorauszugehen (S. 4).

V. v. Strauss (S. 26) merkte an: „Es ist dies bei Laò-tsè die einzige Stelle, wo er von dem (höchsten) HErrn spricht, und sie ist sehr merkwürdig. Er identifiziert den HErrn nicht mit Taò, stellt ihn vielmehr in das Verhältnis eines von Taò Ausgegangenen und Hergekommenen." Er erklärte sich das so, dass die über die Welt herrschende, regierende Macht nicht eher sein könne, als bis die Welt sei. Das unaussprechliche Wesen müsse erst alle Dinge in ihr Sein hinausführen, „damit nun die Gottheit auch Herr und Herrscher über die Welt" sein könne. Auch eine andere Erklärung erwähnt v. Strauss: Der Ausdruck „Sháng-tî" könnte jünger als der Ausdruck „Taò", aus ihm hervorgegangen sein (S. 27).

Aus der Bhagavadgita (Reclam, S. 65):
„Es kennen meinen Ursprung nicht
Die Götter noch der Seher Schar,
Weil ich der Götter Urgrund bin
Und früher als die Seher war."

Der „Ahne" Gottes zu sein bedeutet an dieser Stelle vielleicht, dass die Einsicht in den „Weg" Gottes wichtiger sei als der „Glaube" an Gott; dass die Moral der Religion vorgehe. Vgl. Yanhui Wang, Jenseits der Sprache, Das „Wort" in Brochs *Tod des Vergil* und das „Tao" in Laotses *Tao Te King*, in: Jahrbuch für Internationale Germanistik, XLVII, H. 1, Peter Lang, Bern 2015, S. 119 ff. (124 f.); insb. aber den „Appell des Dalai Lama an die Welt", mit Franz Alt, Ethik ist wichtiger als Religion, 16. Aufl., Benevento, Wals bei Salzburg 2017, S. 9-14; sowie Mahatma Gandhi, Gewaltfreiheit, Auszüge aus Reden und Schriften, hrsg. von Gita Dharampal-Frick, Reclam (Nr. 19095), Stuttgart 2014, S. 44. [Alle Seitenangaben zu Gandhi-Aussagen beziehen sich auf diese Ausgabe].

5. Kapitel.

HIMMEL UND ERDE HABEN KEINE MENSCHENLIEBE; SIE NEHMEN ALLE WESEN FÜR EINEN HEU-HUND [,] [den Stroh-Hund] [,] [der einst nicht selbst, sondern nur im Rahmen einer rituellen Opferung Beachtung fand, d. h. nicht bloß eine mitleidige Gefühlsregung, sondern das Taò ist ihr Richtmaß, mithin selbstlose Güte].[1] DER HEILIGE MENSCH HAT [gleichfalls] KEINE MENSCHENLIEBE; ER NIMMT DAS VOLK FÜR EINEN HEU-HUND [,] [denn sein Motiv ist nur Taò].[2]

---

[1] St. Julien: Himmel und Erde haben keine „partikuläre" Zuneigung. P. Carus las: „Heaven and earth exhibit no benevolence". R. Wilhelm: keine „Liebe nach Menschenart" (S. 13). „Das Abwesen lässt keine Parteilichkeit, keine Parteinahme zu", sagte B.-Ch. Han, Abwesen, S. 34 f. Jede „Bevorzugung des Einen wäre bereits eine Benachteiligung des Anderen." Zuneigung bringe Abneigung mit sich – es gelte, ohne Vorliebe „alle Dinge gleichermaßen zu umfangen."

R. Simon (S. 23) übersetzt, Himmel und Erde seien „nicht human"; er liest heraus, dass dem „Menschen" der „Wert an sich" abgesprochen werde; diese Haltung sei sowohl dem konfuzianischen Humanismus als auch zum Denken der Aufklärung entgegengesetzt. Man könnte jedoch auch sagen, der Text sei *so* zu verstehen, dass der „Wert an sich" nicht auf den Menschen „beschränkt" sei.

[2] Vgl. Immanuel Kant, Grundlegung zur Metaphysik der Sitten (1785), hrsg. von Theodor Valentiner, Reclam Nr. 4507, Stuttgart 2012, S. 15: „Es ist überall nichts [...] zu denken möglich, was ohne Einschränkung für gut könnte gehalten werden, als ein guter Wille." Der kategorische Imperativ laute: „handle nur nach derjenigen Maxime, durch die du zugleich wollen kannst, daß sie ein allgemeines Gesetz werde" (S. 53); „handle" mithin „so, als ob die Maxime deiner Handlung durch deinen Willen zum allgemeinen Naturgesetz werden sollte" (S. 54).

Vielleicht ist hier gesagt, dass der Weise das *In*-der-Welt-Sein zum *Welt*-Sein entgrenzt, vgl. B.-Ch. Han, Abwesen, S. 29. Das Abwesen entleere Liebe, Freundschaft zu „grenzen-loser Freundlichkeit" (S. 35).

WAS ZWISCHEN HIMMEL UND ERDE [ist], [gemeint ist: das, was durch das *Zusammenwirken* von Himmel und Erde dazwischen enthalten ist,] WIE GLEICHT ES [doch] DEM BLASEBALG! ER IST LEER UND DOCH UNERSCHÖPFLICH [in dem, was gut, nützlich, wohltätig, erfreulich, sohin: dem Leben förderlich ist]; ER REGT SICH [ohne Gefühlsantrieb], UND UMSO MEHR GEHT HERAUS.[1]

»VIELE WORTE [darüber] MEIST IN NICHTS VERRINNEN;[2]
UND BESSER, MAN BEWAHRT ES [als Mitte] INNEN.«[3]

---

[1] St. Julien: „L'être qui est entre le ciel et la terre ressemble à un soufflet de forge qui est vide et ne s'épuise point, que l'on met en mouvement et qui produit de plus en plus (du vent)."

[2] L. Wittgenstein, Tractatus, Satz 6.43 (S. 109) sagte: „Wenn das gute oder böse Wollen die Welt ändert, so kann es nur die Grenzen der Welt ändern, nicht die Tataschen; nicht das, was durch die Sprache ausgedrückt werden kann. Kurz, die Welt muß dadurch überhaupt eine andere werden. Sie muß", sagte er, „sozusagen als Ganzes abnehmen oder zunehmen." Die Welt des Glücklichen sei eine andere als die des Unglücklichen. Vgl. B. McGuinness, Die Mystik des Tractatus, in: J. Schulte (Hrsg.), Texte zum Tractatus, Suhrkamp, Frankfurt am Main 1989, S. 165 bis 191.

[3] St. Julien: „Celui qui parle beaucoup (du Tao) est souvent réduit au silence. Il vaut mieux observer le milieu." Nach R. Wilhelm erschöpfen sich „daran" viele Worte (S. 13). Nach Knospe/Brändli führen sie zum Schweigen; es sei besser, „beim Nichts zu bleiben" (S. 5).

P Carus (S. 99): „Is not the space between heaven and earth like unto a bellows? It is empty; yet it collapses not. It moves, and more and more comes forth. [But]

'How soon exhausted is
A gossip's fulsome talk!
And should we not prefer
On the middle path to walk?'"

6. Kapitel.

»DER TAL-GEIST [,] [der ausfließende Geist,] IST UNSTERBLICH; ER HEIßT DAS TIEFE [mystische] WEIBLICHE.[1] DES TIEFEN WEIBLICHEN PFORTE, DIE HEIßT HIMMELS UND DER ERDEN WURZEL [;] [all das will sagen, dass der *Geist* von Taò als die dritte Potenz im ewigen Urwesen gedacht wird, sie fließt von den zwei ersten Potenzen ewiglich aus].[2] JE UND JE IST ER WIE DA-SEIEND; MAN BRAUCHT IHN MÜHELOS [,] [denn als Fülle göttlicher Idealwelt, Weisheit bietet er sich selbst zur Anwendung, zum Gebrauch dar].«[3]

---

[1] Das gesamt Kap. wird zwar verschiedentlich gedeutet, aber der Inhalt jedenfalls auf das Taò (rück-)bezogen. Vgl. H. Neef, Die im Tao-ts'ang enthaltenen Kommentare zu Tao-tê-ching, Kapitel VI, H. Pöppinghaus, Bochum-Langendreer 1938.

R. Wilhelm (S. 103) notierte, „Tal" sei der *leere* Raum zwischen den Bergwänden, und „Geist" sei das Aktive, Gestaltende. Das Leitthema ist nach wie vor: Ethik; die bereits angesprochene Leere wird vielleicht mythisch „fundiert".

[2] R. Simon (S. 25) übersetzt: „Mystische Vagina". Dies sei ein Hinweis auf die schöpferische Potenz, Leben erzeugende Kraft des Dao (S. 27).

[3] St. Julien: „Il est éternel et semble exister (matériellement). Si l'on en fait usage, on n'éprouve aucune fatigue." Carus dichtete (S. 99 f.):

„The valley spirit not expires,
Mysterious mother 'tis called by the sires
The mysterious mother's door, to boot,
Is called of Heaven and earth the root.
Forever and aye it seems to endure
And its use is without effort sure."

7. Kapitel.

DER HIMMEL IST BLEIBEND UND DIE ERDE DAUERND. HIMMEL UND ERDE KÖNNEN DESHALB BLEIBEND UND DAUERND SEIN, WEIL SIE NICHT [für] SICH SELBST LEBEN. DARUM KÖNNEN SIE BLEIBEN UND DAUERN [,] [d. h. wer oder was Teil hat an Taò, der/die/das hat Anteil an *seiner* unbedingten Dauer].[1]

DAHER [,] [weil der Himmel und die Erde das göttliche Gesetz spiegeln, sich nach Taó richten,] SETZT DER HEILIGE MENSCH SEIN SELBST HINTAN, [richtet sich also nach ihnen,] UND KOMMT SELBST VORAN; GIBT SEIN SELBST AUF, UND WIRD SELBST BEWAHRT.[2]

---

[1] St. Julien: „S'ils peuvent avoir une durée éternelle, c'est parce qu'ils ne vivent pas pour eux seuls."

[2] Der Weise ist – wie Taò – ohne Namen, „ohne Ich". Vgl. Byung-Chul Han, Abwesen, Zur Kultur und Philosophie des Fernen Ostens, Merve, Berlin 2007, S. 15.

V. v. Strauss sagte wörtlich: „sich äussert seines Selbst, und selbst bewahrt wird". In der Anm. 3 auf S. 36 bemerkte er: „auch für sich will er nicht sein, in edlem Selbstvergessen gibt er sich ganz dahin, nicht etwa aus Leidenschaft oder Gedankenlosigkeit, sondern wiederum in lauter Einfalt und Güte. Eben dadurch erlangt er, was er zu verlieren schien, indem er es aufgab; er erreicht die ihm zukommende Voranstellung, er wird der Erste; er erhält, bewahrt, konserviert sein Selbst."

Auszug aus „Die vier edlen Wahrheiten", Texte des ursprünglichen Buddhismus, hrsg. von Klaus Mylius, Reclam Nr. 3420, Stuttgart 2015, S. 160 ff.: „Was aber vergänglich, leidvoll, veränderlich ist, ist das wohl rechtens zu betrachten: ‚Das ist mein; der bin ich; das ist mein Selbst!'? ‚Nein, das ist nicht so, ...'" [Suttapitaka, Majjihimanikaya].

Etwa nicht, weil er nichts [zu] eigen hat?[1] Darum kann er [das, was im eigentlichen Sinn] sein Eigen [ist, d. i. sein wahres Selbst] vollenden.[2]

---

[1] Nach Z.W. Kopp ist er „ohne Eigennutz" (S. 31), nach Knospe/Brändli „vergisst" er sein Selbst (S. 7).

R. Simon (S. 28) schreibt, die Natur zeige zwar keine Empathie, sie sei aber altruistisch (das Leben ermöglichend) – *diese* Haltung werde auf die Herrscherfigur übertragen, die sich durch die Abwesenheit von Eigeninteressen auszeichne.

[2] St. Julien: „De là vient que le saint homme se met après les autres, et il devient le premier. Il se dégage de son corps, et son corps se conserve. N'est-ce pas qu'il n'a point d'intérêts privés? C'est pourquoi il peut réussir dans ses intérêts privés." P. Carus: „Is it not because he seeks not his own? For that reason he can accomplish his own."

8. Kapitel.

DER GANZ GUTE [,] [d. i. der heilige, der weise Mensch,] IST WIE WASSER; DARUM IST ER NAHE AN TAÒ – WASSER IST GUT, ALLEN WESEN ZU NÜTZEN, UND [es] STREITET NICHT; ES [ist ein Bild tiefer Demut, denn es] BEWOHNT, WAS DIE MENSCHEN VERABSCHEUEN.[1]

IM WOHNEN IST ER GUT DER ERDE, [liebt die niedrige Erde, d. h. ist demütig,] IM HERZEN GUT DEM ABGRUND, [die Tiefe,] IM GEBEN GUT DER MENSCHENLIEBE,[2] [Mitleid, Erbarmen,] IM REDEN GUT DER WAHRHEIT, [Aufrichtigkeit,] IM REGIEREN GUT DEM STAATE,[3] [dem Gemeinwohl,] IM GESCHÄFT GUT DER GESCHICKLICHKEIT, IM BEWEGEN [Betätigen] GUT DER [rechten] ZEIT.[4]

---

[1] „Nahe an Taò" kann sich auf das Wasser oder „den ganz Guten" bzw. die „höchste Güte" (G. Debon, S. 32; R. Wilhelm, S. 16) beziehen. St. Julien: „L'homme d'une vertu supérieure est comme l'eau. [...] C'est pourquoi (le sage) approche du Tao."

P. Carus: „Superior goodness resembleth water. Water in goodness benefiteth the ten thousand things, yet it quarreleth not. Because it dwells in places which the multitude of men shun, therefore it is near unto the eternal Reason."

[2] G. Debon (S. 116) wies darauf hin, dass dies wörtlich im Widerspruch stehe zu Kap. 5, 18 und 19, doch geht es *hier* vielleicht nicht um das Motiv, sondern um ein Maß, das sich aus der tao-getreuen Mitte ergibt.

[3] V. v. Strauss: „im Herrschen gut dem Regiment". Anm. 4 auf S. 40 besagt, dass es um die „heilsame Leitung der Menschen" gehe. Knospe und Brändli (S. 8) sprechen von „Gerechtigkeit" beim „Regieren".

[4] St. Julien: „Il se plaît dans la situation la plus humble. Son cœur aime à être profond comme un abîme. S'il fait des largesses, il excelle à montrer de l'humanité. S'il parle, il excelle à pratiquer la vérité. S'il gouverne, il excelle à procurer la paix. S'il agit, il excelle à montrer sa capacité. S'il se meut, il excelle à se conformer aux temps. Il ne lutte contre personne; c'est pourquoi il ne reçoit aucune marque de blâme."

P. Carus übersetzt: „For a dwelling goodness chooses the level. For a heart goodness chooses commotion. When giving, goodness chooses benevolence. In words, goodness chooses faith. In government goodness chooses order. In business goodness chooses ability. In its motion goodness chooses timeliness. It quarreleth non. Therefore, it is not rebuked." Z.W. Kopp schreibt „Denken" statt „Herz" (S. 32).

ER STREITET NICHT, [macht niemandem etwas streitig,] DARUM WIRD IHM NICHTS GEGROLLT.[1]

---

[1] Knospe/Brändli lesen: keine „Schuld", wo kein Streit (S. 8). Wilhelm (S. 16) meinte, es gehe um die Person, die sich nicht selbst behaupte, sodass sie dadurch frei von Tadel bleibe. Nach R. Simon (S. 31) lasse sich der „im höchsten Maße Gute" auf keinen Streit ein, weshalb ihm kein Fehler unterlaufe. Höchster Nutzen gehe einher mit vollkommener Freiheit von Aggression (S. 30).

Vgl. die Thematik des Kap. mit den Worten Jesu: „Der größte aber von euch sei euer Diener! Wer sich selbst erhöht, wird erniedrigt, und wer sich selbst erniedrigt, wird erhöht werden." Mt 23, 12. Zitate aus dem NT sind hier und in der Folge entnommen aus: Neues Testament, übersetzt und erklärt von Otto Karrer, Verlag Ars Sacra/Josef Müller, München 1959. Zitate aus dem AT folgen der Einheitsübersetzung: Die Heilige Schrift, Katholisches Bibelwerk, 13. Auflage, Druck: C.H. Beck, Nördlingen 2012.

9. Kapitel.

ERGREIFEN [mit beiden Händen] UND [zugleich] VOLLGIEßEN [ein Gefäß] – BESSER DAS [Greifen nach Lohn für die Tat] UNTERBLEIBT. BETASTEN UND SCHÄRFEN [einer Klinge], [d. h. zu prüfen, ob eine Tat ruhmreich sei, und Verdienstliches vollbringen,] KANN NICHT LANGE [zugleich, ungehindert] WÄHREN.[1]

FÜLLT GOLD UND EDELGESTEIN [,] [d. h. der Schatz der heiligen Erkenntnis und sittlichen Güter,] EINE HALLE, [d. i. ein Gebäude, das öffentlich zugänglich ist,] VERMAG ES KEINER ZU HÜTEN.[2]

WER REICH, GEEHRT UND HOCHMÜTIG IST, WENDET SICH SELBST SEIN [oder seinem] UNGLÜCK ZU.[3]

---

[1] St. Julien: „Il vaut mieux ne pas remplir un vase que de vouloir le maintenir (lorsqu'il est plein). Si l'on aiguise une lame, bien qu'on l'explore avec la main, on ne pourra la conserver constamment (tranchante)."

Auch G. Debon (S. 33) sprach vom Halten und Füllen des Bechers; vom Betasten und Schärfen der Klinge „zugleich". Z.W. Kopp betonte das "Übermaß" des Füllens bzw. Schärfens (S. 33). Knospe und Brändli lesen die Stelle anders: Es sei besser, ein Glas nur „halb" zu füllen; und eine „zu scharfe" Klinge werde rasch stumpf (S. 9).

[2] P. Carus: „Holding and keeping full, had that not better be left alone? Handling and keeping sharp, can that wear long? If gold and jewels fill the hall no one can protect it."

[3] St. Julien: „Si l'on est comblé d'honneurs et qu'on s'enorgueillisse, on s'attirera des malheurs." P. Carus: „Rich and high but proud, brings about its own misfortune. To accomplish merit and acquire fame, then to withdraw oneself, that is Heaven's Way."

NACH VOLLENDETEM VERDIENST, NACH ERLANGTEM RUHM SICH SELBST ZURÜCKZIEHEN, IST DES HIMMELS WEG [,] [Gangart, Verfahren].[1]

---

[1] St. Julien: „Lorsqu'on a fait de grandes choses et obtenu de la réputation, il faut se retirer à l'écart. Telle est la voie du ciel."

R. Wilhelm entfernte den „Ruhm" aus dem Satz, es sei ein späterer Zusatz (S. 14); sodass verbleibt: „Ist das Werk vollbracht, dann sich zurückziehen [..]" (S. 17). Der Ruhm ist vielleicht weniger unvereinbar mit dem Rest als es ihm schien, denn nicht Ruhm, Verdienst, der sich von selbst einstellt, sondern das Streben danach bzw. Festhalten daran wird abgelehnt. R. Simon (S. 32) fasst zusammen, der Herrscher solle aus seinen Leistungen keine Ansprüche herleiten.

10. Kapitel.

WER DEM [verstehenden] GEIST DIE [naturhafte] SEELE ZUTEILT UND [so beider substanzielle] EINHEIT UMFÄNGT, KANN UNGETEILT SEIN.[1]

BEZWINGT ER DAS SEELISCHE BIS ZUR NACHGIEBIGKEIT, KANN ER WIE EIN KINDLEIN SEIN [,] [in stiller Harmonie des ganzen Wesens].[2] REINIGT UND ÖFFNET ER DEN TIEFEN [geistigen] BLICK, [sodass er die kleinste Abweichung vom sittlichen Ideal wahrnimmt,] KANN ER OHNE SCHWÄCHE [im sittlichen Sinne] SEIN.[3]

LIEBT ER DAS VOLK UND REGIERT ER DAS LAND [SO], [dass Frieden, Ruhe und Sicherheit gewährleistet sind,] KANN ER [in Liebe zum Volk] OHNE [eigenes] TUN SEIN.[4]

DIE HIMMELSPFORTEN ÖFFNEN SICH ODER SCHLIEẞEN SICH, [d. h. die Dinge ändern sich, doch] ER KANN DA [wie ein] VOGELWEIBCHEN SEIN [,] [das ruhig nistet].[5]

---

[1] St. Julien: „L'âme spirituelle doit commander à l'âme sensitive. Si l'homme conserve l'unité, elles pourront rester indissolubles." P. Carus: „He who sustains and disciplines his soul and embraces unity cannot be deranged." Z.W. Kopp (S. 10) und Knospe/Brändli (S. 10) lesen hier Fragesätze – im Sinne von: kann man die „Seelenkräfte", die inneren Gegensätze vereinigen, sich auf den „Atem" fokussieren und zart sein wie ein Kleinkind?

[2] Julien: „S'il dompte sa force vitale et la rend extrêmement souple, il pourra être comme un nouveau-né." Carus: „Through attention to his vitality and inducing tenderness he can become like a little child."

[3] Julien: „S'il se délivre des lumières de l'intelligence, il pourra être exempt de toute infirmité (morale)." Carus: „By purifying, by cleansing and profound intuition he can be free from faults."

[4] Julien: „S'il chérit le peuple et procure la paix au royaume, il pourra pratiquer le *non-agir*." Carus: „In loving the people and administering the country he can practice non-assertion."

[5] R. Wilhelm sah hierin eine Anspielung auf einen Schöpfungsmythos, verglich sie mit der Darstellung des Heiligen Geistes als Taube und mit einer an die *Genesis* in der Bibel angelehnten Vorstellung vom göttlichen Geist, der über der Tiefe brütet (S. 105).
St. Julien: „S'il laisse les portes du ciel s'ouvrir et se fermer, il pourra être comme la femelle (c'est-à-dire rester au repos)."

LICHTHELL [,] [d. h. mit klarem Verständnis,] ALLES [wie mit Tief-, so mit Scharfblick] DURCHDRINGEND, KANN ER [bei Weisheit, Erkenntnis des höchsten Prinzips] UNWISSEND SEIN [bzgl. Regeln, Gesetze des Guten, Rechten, Schicklichen etc.].[1]

ER BELEBT [,] [d. h. verhilft zum Leben] UND ERNÄHRT; BELEBT UND HAT NICHT [,] [d. h. eignet sich nicht zu], TUT UND GIBT NICHTS D'RAUF, ERHÄLT UND BEHERRSCHT NICHT [,] [d. h. nützt Abhängigkeit nicht aus, um Freiheit zu beschränken].[2]

DAS HEIßT TIEFE TUGEND.[3]

---

[1] Nach R. Wilhelm werde hiernach die Intuition höher geschätzt als der Diskurs (S. 105). Vielleicht geht es darum, dass die Regeln *nachträglich* aufgestellt werden, intuitive Bedeutsamkeit hingegen in die Umstände der Erfahrung und (damit in) die Gegenstände der Erkenntnis *investiert* wird. Vgl. K. W. Zeidler, Grundriss der transzendentalen Logik, 3. Aufl., Ferstl & Perz, Wien 2017, S. 322. Sittlichkeit geht – gewissermaßen – den Sitten vor.

[2] St. Julien: „Il produit les êtres et les nourrit. Il les produit et ne les regarde pas comme sa propriété. Il leur fait du bien et ne compte pas sur eux. Il règne sur eux et ne les traite pas en maître. C'est ce qu'on appelle posséder une vertu profonde."

[3] P. Carus: „Opening and closing the gates of heaven he can be like a mother-bird: bright, and white, and penetrating the four quarters, he can be unsophisticated." Carus fuhr fort: "He quickens them and feeds them. He quickens but owns not. He acts but claims not. He excels but rules not. This is called profound virtue."
Bei. G. Debon (S. 34) und Z.W. Kopp (S. 34) ist der einleitende Satz im obigen Absatz eine Aufforderung, „das" zu erzeugen und zu hegen.

11. Kapitel.

DREIßIG SPEICHEN TREFFEN AUF EINE NABE: GEMÄß IHREM NICHTSEIN IST DES WAGENS GEBRAUCH. MAN ERWEICHT TON, UM EIN GEFÄß ZU MACHEN: GEMÄß SEINEM NICHTSEIN IST DES GEFÄßES GEBRAUCH. MAN BRICHT TÜR UND FENSTER, UM EIN HAUS ZU MACHEN: GEMÄß IHREM NICHTSEIN IST DES HAUSES GEBRAUCH.[1] [Hier wird das, *was* es ist, von dem, was es *ist*, gesondert; das Nichtseiende der Dinge ist das, *was* und *wodurch* ihr Seiendes ist.]

DARUM: DAS SEIN BEWIRKT DEN GEWINN, DAS NICHTSEIN BEWIRKT DEN GEBRAUCH.[2]

---

[1] G. Debon wies darauf hin, dass die 30 Speichen des altchinesischen Wagens die Tage des Monats symbolisieren, und er warf die Frage auf, ob sich das „Ausmeißeln" von Türen und Fenstern auf „Wohnhöhlen" beziehe (S. 117). R. Simon (S. 39) denkt (auch) an „eingeschnittene" Öffnungen in (Stampf-)Lehmbauten, nach der Aufrichtung der Mauern.

[2] V. v. Strauss merkte dazu an: „Wir gewinnen ein Wesentliches nur, wir werden seiner nur habhaft dadurch, dass es Ist, nämlich seiend ist; aber", konstatierte er, „es ist für uns das, *was* es ist, wir können nur etwas damit anfangen, sofern es nicht ist" (S. 52). R. Wilhelm hat das „Nichtsein" mit „Qualität" (im Unterschied zur Quantität) gleichgesetzt (S. 105). Z.W. Kopp (S. 35) versteht die Stelle so, dass das Seiende im Gebrauch sich erst *durch* das Nichtseiende als nützlich erweist; Knospe und Brändli (S. 11) lesen sie so, dass der Gewinn, den das, was da sei, darstelle, erst *durch* das entstehe, was nicht da sei.

P. Carus: „Therefore, when the existence of things is profitable, it is the non-existent in them which renders them useful."

St. Julien: „C'est pourquoi l'utilité vient de l'être, l'usage naît du non-être."

12. Kapitel.

[Jedem Wahrnehmungsvermögen für das Sinnliche entspricht ein Sinn für das Übersinnliche.] »DIE FÜNF FARBEN [,] [das sind: blau, gelb, rot, weiß und schwarz,] MACHEN DES MENSCHEN AUG' [blind,] ZU RAUB,

DIE FÜNF TÖNE [,] [das sind: die Prime, große Sekunde, große Terz, Quinte und große Sexte,] MACHEN DES MENSCHEN OHREN TAUB,

DIE FÜNF GESCHMÄCKE [,] [das sind: salzig, bitter, sauer, beißend und süß,] MACHEN DES MENSCHEN MUND VERSTÖRT,

FELDJAGD [oder Frühlingsjagd] UND PFERDERENNEN MACHEN DES MENSCHEN HERZ BETÖRT,

UND SCHÄTZE, SCHWER ERREICHBAR, MACHEN DES MENSCHEN GANG [,] [sein Verfahren,] VERKEHRT [,] [schädlich].«[1]

---

[1] G. Debon (S. 36, 117) zählt „blaugrün" statt „blau" auf, spricht von „Wagenrennen und Jagden" (anstatt von Feldjagd und Pferderennen) und erläutert, dass die Fünfzahl hier als „mannigfach" zu verstehen sei. Z. W. Kopp (S. 36) spricht von „Farbenpracht", „Klangreichtum" und „Feinschmeckerei". P. Carus gliedert den obigen Text in zwei Gruppen:
„The five colors the human eye will blind,
The five notes the human ear will rend,
The five tastes the human mouth offend."
„Racing and hunting will human hearts turn mad,
Objects of prize make human conduct bad."
V. v. Strauss meinte, das Ende sei möglicherweise eine Anspielung auf eine „Übertreibung königlicher Vergnügungen" (S. 55, Anm. 2). St. Julien: „Les courses violentes, l'exercice de la chasse égarent le cœur de l'homme."
Vgl. die Worte Jesu in Mk 8,36: „Was nützt es dem Menschen, wenn er die ganze Welt gewinnt, es aber mit seinem Leben büßt? Denn was kann man zum Tausch für seine Seele geben?"

»Deshalb des Heil'gen Tun ist [sein Inneres,] seine Brust,
Nicht Augenlust.«[1]

Darum lässt er das und ergreift dies.[2]

---

[1] St. Julien: „De là vient que le saint homme s'occupe de son intérieur et ne s'occupe pas de ses yeux." Das „Innere" ist der „Bauch" (vgl. z. B. Knospe/Brändli, S. 12). R. Simon (S. 41) nimmt in „nüchterner Sicht" auf den Text einen Antiintellektualismus des frühen Daoismus an, der „mit einer Ablehnung der ästhetischen Erfahrung und damit der Kunst" ergänzt werde.

Vielleicht wird der „Bauch" aber nicht, wie Simon sagt, „als *pars pro toto* für die elementaren Lebensbedürfnisse", sondern als „Organ des Nicht-Begehrens, Nicht-Unterscheidens" angesprochen; *so* deutet dies B.-Ch. Han, Abwesen, S. 17.

M. Gandhi sagte im Zusammenhang mit „Verzicht": „Einige wenden ein, dass ein so verstandenes Leben glanz- und kunstlos sei", „Verzicht meint hier aber nicht die Aufgabe aller weltlichen Belange", meint nicht „Rückzug in eine Waldeinsiedelei" (S. 65 f., Aus dem Yeravda-Madir, 6. März 1932, Auszug aus dem 15. Kap.).

[2] Nach R. Wilhelm „tut er ab das Ferne und hält sich ans Nahe" (S. 20).

13. Kapitel.

»Gnade und Ungnade ist [Abhängigkeit von Gunst; sie ist] wie ein Fürchten; Hoheit [,] [d. h. Amt und Würden] so große Plage wie der Körper.«[1]

Was heißt: Gnade und Ungnade ist wie ein Fürchten? Gnade erniedrigt: sie zu erlangen ist wie ein Fürchten [,] [wegen der steten Angst zu versagen]. Das heißt: Gnade und Ungnade ist wie ein Fürchten.

Was heißt: Hoheit ist so große Plage wie der Körper? Wir haben deshalb große Plagen, [das sind: Nöte und Schmerzen,] weil wir den Körper haben [,] [eingekörpert sind]. Sind wir erst ohne Körper, [entkörpert,] welche Plagen haben wir [dann]?[2]

---

[1] Z. W. Kopp übersetzt: „Leiden" statt „Fürchten" (S. 13), Knospe und Brändli schreiben: „Sorgen" (S. 13). G. Debon erklärte: „Sowohl der *Ansporn*, Gunst zu erwerben, wie das *Ressentiment*, wenn wir in Ungnade fallen, bedeuten eine Störung unseres seelisch-körperlichen Wohlbefindens". P. Carus: „Favor and disgrace bode awe. Esteeming the body bodes great trouble." St. Julien las dagegen: „Le sage redoute la gloire comme l'ignominie; son corps lui pèse comme une grande calamité." Nach R. Wilhelm (S. 21) beschämt die Gnade durch Furcht, die Ehre sei ein großes Übel durch das Ich. R. Simon versteht „Körper" als „persona" und meint, nur wenn ein „Ego" vorhanden sei, das soziale Normen anerkenne, seien Anerkennung und starke soziale Ablehnung (Schande) möglich.

[2] R. Wilhelm (S. 106) war der Ansicht, die mit „Was heißt" eingeleiteten Absätze stammen aus einem Kommentar, der in den Text geraten sei.

Der letzte Satz spiegelt vielleicht die Vorstellung eines Geist-Leibes, vgl. Die vier edlen Wahrheiten, Texte des ursprünglichen Buddhismus, hrsg. von K. Mylius, Reclam Nr. 3420, Stuttgart 2015, S. 99 f. [aus: Suttapitaka Dighanikaya; das Lehrgespräch über den Lohn des Bettel-mönchdaseins, wo u. a. gesagt wird: „auf dem Wasser geht er, ohne zu sinken, wie auf der Erde. Vgl. Mt 14,24ff. zur Erzählung, wie Jesus über Wasser wandelte]. Paulus sagte (1 Kor 15,44 ff.): „gesät wird ein sinnhaft-irdischer Leib, auferweckt wird ein Geistleib", denn der „erste Mensch ist von Erde, irdisch, der zweite" hingegen „ist vom Himmel."

DARUM [,] WER AN HOHEIT DEM KÖRPER DAS REICH GLEICHACHTET, [d. h. wer in Betreff einer hohen Stellung den Staat wie seinen Körper für eine große Plage ansieht,] DEM KANN MAN DAS REICH ANHEIMSTELLEN [,] [Amt und Würden überlassen]; [desgleichen,] WER AN LIEBE DEM KÖRPER DAS REICH GLEICHACHTET, [sich ebenso viel aus dem Staate macht wie aus seinem Körper,] DEM KANN MAN DAS REICH ANVERTRAUEN.[1]

---

[1] R. Wilhelm (S. 21) übersetzt: „Wer in seinem Ich die Welt ehrt [...] liebt". G. Debon (S. 37) liest die Aufforderung heraus, das Reich wie den Leib zu ehren und zu schonen.

M. Gandhi sagte, „vollkommene Gewaltfreiheit" sei, solange wir den Körper bewohnen, zwar nur eine Theorie, „doch müssen wir in jedem Augenblick unseres Lebens danach streben" (S. 89, Auszüge aus einem Gespräch, Harijan, 21. Juli 1940). Er forderte uns auf, „selbst die Veränderung" zu sein, die wir uns für diese Welt wünschen (S. 88).

14. Kapitel.

MAN SCHAUT IHN OHNE ZU SEHEN: SEIN NAME HEIßT *Jî* (GLEICH); MAN VERNIMMT IHN, OHNE ZU HÖREN: SEIN NAME HEIßT *Hī* (WENIG); MAN FASST IHN, OHNE ZU BEKOMMEN: SEIN NAME HEIßT *Wêi* (FEIN). DIESE DREI [Namen] KÖNNEN NICHT AUSGEFORSCHT WERDEN; DARUM WERDEN SIE VERBUNDEN UND SIND EINER.[1]

---

[1] Die Übersetzung von V. v. Strauss spielt auf die These an, dass hierin der Name angedeutet sei, mit dem Gott sich Mose offenbart haben soll (Ex 3,14): JHWH. Lao-tse habe diesen Namen nicht erfunden, sondern vorgefunden: *Jî-hī-wêi*, hebr. vielleicht „Jahwe" ausgesprochen (S. 68).

St. Julien hat dagegen übersetzt: „Vous le regardez (le Tao) et vous ne le voyez pas: on le dit *incolore*. Vous l'écoutez et vous ne l'entendez pas: on le dit *aphone*. Vous voulez le toucher et vous ne l'atteignez pas: on le dit *incorporel*. Ces trois qualités ne peuvent être scrutées à l'aide de la parole. C'est pourquoi on les confond en une seule."

P. Carus: „We look at Reason and do not see it; its name is Colorless. We listen to Reason and do not hear it; its name is Soundless. We grope for Reason and do not grasp it; its name is Incorporal. These three things cannot further be analysed. Thus they are combined and conceived as a unity which on its surface is not clear but in its depth not obscure."

R. Wilhelm zufolge bezeichnen die drei Namen die Übersinnlichkeit des Tao (S. 106). R. Simon (S. 46 f.) schreibt, Dao habe zwei Aspekte: Es sei stofflicher Urgrund und Prinzip des sich unablässig wandelnden Seins, und es entspreche der vorsokratischen Vorstellung vom *Chaos*.

Vgl. zu den „Namen" des Einen aus: Der Koran, Aus dem Arabischen von Max Henning, Überarbeitung von Murad Wilfried Hofmann, Çağri Yayinlari, 9. Aufl., Istanbul 2013, Kap. 7, Vers 180: „Und Allah gehören die schönsten Namen", und 59,24: „Er ist Allah, der Schöpfer [...] Sein sind die schönsten Namen", und Kap. 112: „Sprich: Er ist der Eine Gott, Allah, der Absolute. Er zeugt nicht und ist nicht gezeugt, Und es gibt keinen, der Ihm gleicht." Dies im Lichte von Dtn (5. Mose) 6,4f.: „Höre Israel! JHWH, unser Gott, JHWH ist einzig."

SEIN OBERES [,] [das Namenlose,] IST NICHT KLAR, SEIN UNTERES [,] [das namentlich Aussprechbare,] NICHT DUNKEL.[1] JE UND JE IST ER UNNENNBAR UND WENDET SICH ZURÜCK INS NICHT-WESEN.[2] DAS HEIßT DES GESTALTLOSEN GESTALT, DES BILDLOSEN BILD; DAS IST GAR NICHT ZU ERFASSEN [,] [das Absolute, die Gottheit, Gott].[3]

IHM [in Gedanken] ENTGEGNEND SIEHT MAN NICHT SEIN HAUPT, [seinen Anfang,] IHM NACHFOLGEND SIEHT MAN NICHT [sein Ende,] SEINE RÜCKSEITE.[4]

---

[1] Knospe/Brändli (S. 14) übersetzen, er strahle nicht von oben, sei aber dennoch von unten her nicht dunkel.

[2] Byung-Chul Han, Abwesen, Zur Kultur und Philosophie des Fernen Ostens, Merve, Berlin 2007, erläutert den Begriff des „Wesens" als den „der Identität, Dauer und Innerlichkeit, Wohnen, Verweilen und Besitzen", als „Substanz" (S. 8 f.). Das am Wesen orientierte Denken entwickle eine Entschlossenheit „zu sich", die sich als „Begehren nach Macht und Besitz" ausdrücke (S. 10). Das Nicht-Wesen sei Ab-Wesen, das sich substanzieller Festlegung entziehe (S. 13). Des Weges endlose „Prozesshaftigkeit" verhindere, „dass etwas subsistiert, insistiert oder persistiert" (S. 15).

[3] Auch vom „Wesen des Wesenlosen" anstelle des „Bildes" ist zu lesen, vgl. G. Debon, S. 119).

[4] St. Julien: „Si vous allez au-devant de lui, vous ne voyez point sa face; si vous le suivez vous ne voyez point son dos."

In Ex 33,23 sagt aber Gott zu Moses: „Dann ziehe ich meine Hand zurück, und du wirst meinen Rücken sehen. Mein Angesicht aber kann niemand sehen."

Hält man sich an den Taò des Altertums, um zu beherrschen das Sein der Gegenwart, so kann man erkennen des Altertums Anfänge: das heißt Taò's Gewebekette.[1]

[1] V. v. Strauss: „Von den Uranfängen der Weltentwicklung – der Geschichte – bis in die Gegenwart erstrecken sich im Gewebe der Zeiten göttliche Längenfäden, welche dieselben sind von Anfang bis zu Ende, auf denen Halt und Bestand des Gewebes beruht, die aber, verdeckt durch den Einschlag des Gewebes (der das Werk menschlicher Freiheit und auch Willkür ist), nur in den Anfängen, wo sie gleichsam noch unverwebt heraushangen, rein zu erkennen sind. Man erkennt sie aber nur, wenn man sich an den Taò des Altertums hält," „d.h. wenn man an den alten Gott glaubt" (S. 78). Zum „Beherrschen" hat V. v. Strauss ausgeführt: „*Über* die Dinge herrscht nur, was auch *in* ihnen herrscht," „*in* ihnen aber herrscht göttliche Bestimmung, und wer eins wird mit der Quelle derselben, herrscht auch *über* sie; sie müssen ihm folgsam und dienstbar sein, ohne dass er gebietet und zwingt" (S. 78 f.).
P. Carus hat den letzten Satz wie folgt übersetzt: „By holding fast to the Reason of the ancients, the present is mastered and the origin of the past understood. This is called Reason's clue."

15. Kapitel.

DIE [sittlich] GUTEN DES ALTERTUMS, DIE DA[mals] [Lehr-]MEISTER GEWESEN SIND, WAREN FEIN, GEISTIG UND TIEF EINDRINGEND [oder: von durchdringender Einsicht]. VERBORGEN [hielten sie sich, darum] KONNTEN SIE NICHT ERKANNT WERDEN. WEIL SIE [nun] NICHT [aus den Schriften] ERKANNT WERDEN KÖNNEN, BEMÜHE ICH MICH, SIE [aus ihrer Persönlichkeit] KENNTLICH ZU MACHEN.[1]

BEHUTSAM WAREN SIE, WIE JEMAND, DER IM WINTER EINEN FLUSS ÜBERSCHREITET; VORSICHTIG [waren sie], WIE WER ALLE NACHBARN FÜRCHTET; ZURÜCKHALTEND, WIE EIN GAST; [sich unter dem näheren Anschauen verlierend,] ZERGEHEND, WIE EIS, DAS SCHMELZEN WILL; EINFACH, WIE ROHHOLZ; LEER, WIE EIN TAL [,] [d. i. arm im Geiste, geleert von dem, was gemeinhin gesucht, besessen und womit geglänzt wird]; UNDURCHSICHTIG, WIE GETRÜBTES WASSER.[2]

---

[1] St. Julien: „Dans l'Antiquité, ceux qui excellaient à pratiquer le Tao étaient déliés et subtils, abstraits et pénétrants. Ils étaient tellement profonds qu'on ne pouvait les connaître. Comme on ne pouvait les connaître, je m'efforcerai de donner une idée (de ce qu'ils étaient)."

R. Simon schreibt, eine ferne Vergangenheit sei die Zukunft, für die der im Kapitel beschriebene Idealcharakter angestrebt werde (S. 50).

[2] Die Übersetzung von P. Carus lautet: „How they are cautious! Like man in winter crossing a river. How reluctant! Like man fearing in the four quarters their neighbors. How reserved! They behave like guests. How elusive! They resemble ice when melting. How simple! They resemble unseasoned wood. How empty! They resemble the valley. How obscure! They resemble troubled waters."

Vgl. die Worte Jesu in der Bergpredigt (Mt 5,3ff.): „Selig die Armen im Geiste, denn ihrer ist das Himmelreich. [...] Selig, die reinen Herzens sind, denn sie werden Gott schauen. Selig die Friedensstifter, denn sie werden Kinder Gottes heißen."

WER KANN DAS TRÜBE, INDEM ER ES STILLT, [ruhig betrachtend] ALLMÄHLICH KLÄREN? WER KANN DIE RUHE, INDEM ER SIE VERLÄNGERT, ALLMÄHLICH BELEBEN? WER JENEN TAÒ [der alten Meister] FESTHÄLT, WÜNSCHT NICHT [mit Belanglosem] GEFÜLLT ZU SEIN; IST ER NUR NICHT GEFÜLLT, KANN ER [in seiner Zeit] MANGELHAFT SEIN UND NICHT NEU VOLLENDET [,] [denn worauf es ankommt, ist zeitlose Güte].[1]

---

[1] Vgl. was Paulus an die Korinther schrieb (1 Kor 3,19): „die Weisheit dieser Welt ist Torheit vor Gott".

St. Julien hat übersetzt: „Celui qui conserve ce Tao ne désire pas d'être plein. Il n'est pas plein (de lui-même), c'est pourquoi il garde ses défauts (apparents), et ne désire pas (d'être jugé) parfait." Debon (S. 39) sagte „erfüllt" statt "gefüllt".

P. Carus: „He who keeps this Reason is not anxious to be filled. Since he is not filled," so setzte er fort, „therefore he can grow old and need not be newly fashioned."

Während es bei Z.W. Kopp darum geht, nicht vom Neuen geblendet zu werden (S. 39), übersetzen Knospe/Brändli (S. 15), er könne „zwar wie abgetragen und doch erneuert sein", *weil* er ohne Fülle bleibe.

16. Kapitel.

WER DEN GIPFEL DER ENTÄUßERUNG [Entleertheit] ERREICHT HAT, BEHAUPTET UNERSCHÜTTERLICHE RUHE.[1] ALLE WESEN MITEINANDER TRETEN HERVOR [in Streben, Bewegung, daher Unruhe], UND WIR SEHEN SIE WIEDER ZURÜCKGEHEN [in Taò]. WENN SICH DIE WESEN ENTWICKELT HABEN, DANN KEHRT JEDES ZURÜCK IN SEINEN URSPRUNG [,] [der auch Tal-Geist oder Pforte heißt]. ZURÜCKGEKEHRTSEIN IN DEN URSPRUNG, HEIßT RUHEN. RUHEN HEIßT, DIE AUFGABE ERFÜLLT HABEN. DIE [Lebens-]AUFGABE [oder Bestimmung] ERFÜLLT HABEN, HEIßT EWIG [oder unwandelbar, unvergänglich] SEIN.[2]

»DAS EW'GE KENNEN, HEIßT ERLEUCHTET SEIN.«[3]

---

[1] Carus: „Attain vacuity's completion and guard tranquillity's fullness."
[2] St. Julien: „Celui qui est parvenu au comble du vide garde fermement le repos. Les dix mille êtres naissent ensemble; ensuite je les vois s'en retourner. Après avoir été dans un état florissant, chacun d'eux revient à son origine. Revenir à son origine s'appelle être en repos. Être en repos s'appelle revenir à la vie. Revenir à la vie s'appelle être constant. Savoir être constant s'appelle être éclairé."
[3] Byung-Chul Hal, Philosophie des Zen-Buddhismus, Reclam, Stuttgart 2014, umschrieb „Erleuchtung" als das „Erwachen zum Gewöhnlichen" (S. 32), „zum Alltäglichen" (S. 40). Zur Offenheit, zur Freundlichkeit der „Leere" sagte er, *sie* besagte, dass „das jeweils Seiende nicht nur ‚in' der Welt ist, sondern in seinem *Grunde* die Welt ist" (S. 52). „Ruhe" setzte er mit der Aufhebung der Warum-Frage gleich (S. 21).
Vgl. die Sätze 6.52, 6.521 und 6.522 im Tractatus von Wittgenstein: „Wir fühlen, daß selbst dann, wenn alle *möglichen* wissenschaftlichen Fragen beantwortet sind, unsere Lebensfragen noch gar nicht berührt sind. Freilich bleibt dann eben keine Frage mehr; und eben dies ist die Antwort. Die Lösung des Problems des Lebens merkt man am Verschwinden dieses Problems. [...] Es gibt allerdings Unaussprechliches. Dies *zeigt* sich, es ist das Mystische." In den Sätzen 6.44 und 6.55 hat er darüber gesagt: „Nicht *wie* die Welt ist, ist das Mystische, sondern *daß* sie ist." Die Anschauung der Welt „unter dem Gesichtspunkt der Ewigkeit" sei ihre Anschauung als – begrenztes – Ganzes: „Das Gefühl der Welt als begrenztes Ganzes ist das mystische."

DAS EWIGE NICHT ZU KENNEN, ENTSITTLICHT UND MACHT UNGLÜCKLICH.
WER DAS EWIGE KENNT, IST [alle gleichermaßen mit Zuneigung,
Güte] UMFASSEND; UMFASSEND, DAHER GERECHT; GERECHT, DAHER
[Mittelpunkt und Autorität,] KÖNIG; KÖNIG, DAHER DES HIMMELS;
[Wesensart] DES HIMMELS, [der Taò der Welt vermittelt,] DAHER
TAÒ'S; TAÒ'S, DAHER [immerwährend] FORTDAUERND; ER BÜßT DEN
KÖRPER EIN OHNE GEFAHR [für seine Persönlichkeit, für das Ich].[1]

---

[1] V. v. Strauss dachte an ein ewiges Leben *nach* dem Tod (S. 89 f.) L.
Wittgenstein hielt im Tractatus in den Sätzen 6.4311 und 6.4312 fest:
„Der Tod ist kein Ereignis des Lebens. Den Tod erlebt man nicht. Wenn
man unter Ewigkeit nicht unendliche Zeitdauer, sondern Unzeitlichkeit
versteht, dann lebt der ewig, der in der Gegenwart lebt. Unser Leben
ist ebenso endlos, wie unser Gesichtsfeld grenzenlos ist. Die zeitliche
Unsterblichkeit der Seele des Menschen, das heißt ihr ewiges Fortleben
auch nach dem Tode, ist nicht nur auf keine Weise verbürgt, sondern
vor allem leistet diese Annahme gar nicht das, was man immer mit ihr
erreichen wollte. Wird denn dadurch ein Rätsel gelöst, daß ich ewig
fortlebe? Ist denn dieses ewige Leben dann nicht ebenso rätselhaft wie
das gegenwärtige? Die Lösung des Rätsels des Lebens in Raum und
Zeit liegt *außerhalb* von Raum und Zeit."
R. Simon (S. 54) kommentiert, dass die Seinsprozesse zyklisch und
damit endlos verlaufen. Der Tod der „persona" sei kein Verlöschen und
habe nichts Ängstigendes, denn alle Individuen seien ein Teil der Natur
in Form der schaffenden Natur (*natura naturans*).
R. Wilhelm (S. 24) hat die Textstelle so übersetzt: „Ist das Ich nicht
mehr, so gibt es keine Gefahren." St. Julien: „Celui qui imite le Tao
subsiste longtemps; jusqu'à la fin de sa vie, il n'est exposé à aucun
danger." P. Carus: „Reason means lasting. Thus the decay oft he body
implies no danger." Wie Knospe/Brändli (S. 16) am Ende schreiben, ist
es „der Weg", der ewig währt, „auch wenn" man stirbt, sodass damit
vielleicht gesagt ist, dass Sittlichkeit nicht von der Ausübung der Sitten
abhängt – wer „gut" wirkt, dessen Tun „wirkt nach", wirkt fort, endlos;
der Körper hält zwar nicht ewig, aber die Ewigkeit erhält (sozusagen)
die Geisteshaltung der Sittlichkeit.

17. Kapitel.

BEI DEN GROßEN KÖNIGEN WUSSTEN DIE UNTERTANEN, SIE HÄTTEN SIE. DEREN NACHFOLGER LIEBTEN UND LOBTEN SIE. DEREN NACHFOLGER FÜRCHTETEN SIE. DEREN NACHFOLGER VERACHTETEN SIE. VERTRAUT MAN [der Bevölkerung] NICHT GENUG, [SO] ERHÄLT MAN KEIN VERTRAUEN.[1] WIE VORSICHTIG IHRE KOSTBAREN WORTE [,] [nicht aufgezwungen]!

VERDIENSTLICHES WARD VOLLBRACHT, UNTERNEHMUNGEN GELANGEN, UND ALLE HUNDERT GESCHLECHTER [,] [d. h. alle Verbände,] SAGTEN: WIR SIND [ungezwungen,] FREI.[2]

---

[1] „Wenn das Volk kein Vertrauen in die Regierung hat," sagte Konfuzius (Gespräche XII, 7; Reclam, S. 73), „kann der Staat nicht bestehen."

St. Julien: „Celui qui n'a pas confiance dans les autres n'obtient pas leur confiance." P. Carus: „If your faith be insufficient, verily, you will receive no faith."

[2] St. Julien: „Après qu'ils avaient acquis des mérites et réussi dans leurs desseins, les cent familles disaient: Nous suivons notre nature."

R. Simon ortet einen „Zynismus": Das Volk solle meinen, es handle selbst, während im Hintergrund ein Herrscher handle; es gehe um die „Illusion", keiner sei oder alle seien „der Herr" (S. 56 f.). Statt „frei" ist bei ihm am Ende „selbsttätig" zu lesen.

P. Carus: „How reluctantly sages consider their words! Merit they accomplish; deeds they perform; and the hundred families think: 'We are independent; we are free.'"

Das Kapitel spricht zwar keine Grund- und Menschenrechte *an*, aber vielleicht spricht es *für* bürgerliche Freiheit und persönliche Gleichheit; für den Rechtsstaat und die Demokratie.

18. Kapitel.

Wird der große Taò verlassen, so gibt's [nur aus Gründen der Klugheit oder Berechnung] Menschenliebe und Gerechtigkeit.[1] Kommt kluge Gewandtheit [ohne Gesinnung] auf, gibt's große [sittliche] Heuchelei [,] [d. h. Moralität ohne Glauben]. Sind die sechs Blutsfreunde [,] [Verwandte, die im selben Haus leben,] uneinig, gibt's Kindespflicht und Elternliebe.[2] Ist die Regierung des Landes in Verfall und Zerstörung, [so] gibt's treue Beamte.[3]

---

[1] Carus: „When the great Reason is obliterated, we have benevolence ad justice." Bei R. Simon (S. 61) steht da: „grundsätzliches Wohlwollen und Angemessenheit".

[2] Traditionell, aus Sicht des (Ehe-)Mannes: Vater, Mutter, älterer und jüngerer Bruder, Ehefrau und Kinder; vgl. R. Wilhelm, S. 109. Es geht um alle jene, die „unter einem Dach" leben, *jede* Lebenspartnerschaft und Wohngemeinschaft.

[3] Julien: „Quand la grande Voie eut dépéri, on vit paraître l'humanité et la justice. Quand la prudence et la perspicacité se furent montrées, on vit naître une grande hypocrisie. Quand les six parents eurent cessé de vivre en bonne harmonie, on vit des actes de piété filiale et d'affection paternelle. Quand les États furent tombés dans le désordre, on vit des sujets fidèles et dévoués."

Vgl. das Hohelied der Liebe von Paulus im 1 Kor 13,4-7: „Die Liebe ist langmütig, die Liebe ist freundlich und ohne Neid, die Liebe prahlt nicht und bläht sich nicht auf. Sie benimmt sich nicht anmaßend und sucht nicht den Vorteil; sie lässt sich nicht aufreizen, sie trägt das Böse nicht nach; sie freut sich nicht über das Unrecht, sie freut sich mit an der Wahrheit. Alles umhüllt sie mild, alles glaubt sie, alles hofft sie, alles duldet sie."

19. Kapitel.

Lasset ab von der Weisheit, gebet auf die Klugheit: des Volkes Wohlfahrt [Gemeinwohl] wird sich verhundertfachen. Lasset ab von der Menschenliebe, gebet auf die Gerechtigkeit: das Volk wird zurückkehren zu Kindespflicht und Elternliebe. Lasset ab von der Geschicklichkeit, gebet auf den Gewinn: Diebe und Räuber wird es nicht geben. In Bezug auf diese Drei [,] [die bei Abfall von Taò zu bloßem Schein verfallen, ist gesagt worden]:[1]

> »Nimmt man den Schein nicht als genügend an,
>
> d'rum soll man haben, d'ran man halten kann;
>
> Man zeige Lauterkeit, zieh' Einfalt an,
>
> Sein Eig'nes mind're, wenig wünsche man.«[2]

---

[1] P. Carus: „These are the three things for which we deem culture insufficient." R. Simon meint, es werde hier „der Geist zum Feind" erklärt (S. 62 f.). Vielleicht geht es hier sowie an anderen Stellen aber darum, Sitten nicht kritiklos einzuüben, nicht ohne Offenhalten der Möglichkeit zur Rückfrage nach ihrem *Geltungsgrund* zu erlernen, sich nicht in den Details von Normen zu verfangen, die als endgültig behauptet werden, sondern stattdessen die Sittlichkeit der Sitten in den Blick zu nehmen.

[2] Geldsetzer/Hong, Chin. Phil., S. 82, schreiben, dass die „sogenannte" Heiligkeit, die „sogenannte" Menschlichkeit und auch die „sogenannte" Gerechtigkeit uns abhalten, zu Einfalt und Liebe zurückzukehren. Man könne mit diesen Dreien nicht die Kultur gestalten, sondern möge festhalten lassen an der Neigung zur Einfalt, Bewahrung von Natürlichkeit, Bescheidung des Selbst und Beschränkung der Bedürfnisse.

St. Julien: „Si vous renoncez à la sagesse et quittez la prudence, le peuple sera cent fois plus heureux. Si vous renoncez à l'humanité et quittez la justice, le peuple reviendra à la piété filiale et à l'affection paternelle. Si vous renoncez à l'habileté et quittez le lucre, les voleurs et les brigands disparaîtront. Renoncez à ces trois choses et persuadez-vous que l'apparence ne suffit pas. C'est pourquoi je montre aux hommes ce à quoi ils doivent s'attacher. Qu'ils tâchent de laisser voir leur simplicité, de conserver leur pureté, d'avoir peu d'intérêts privés et peu de désirs."

20. Kapitel.

Wer das Lernen [von Klugheitsregeln, Sittengesetzen wie auch von Geschicklichkeiten] fahrenlässt, [vom Weltlichen ablässt,] hat keinen Kummer [,] [sondern innere Ruhe und Gelassenheit].[1] [Das zögernde] »Oh ja« und [das freudige] »Ja ja«, wie wenig unterscheiden sie sich! Gut und Böse, [die Hingabe an Taò und die Abkehr von Taò,] wie sehr unterscheiden sie sich!

Was die [anderen] Menschen fürchten, [fürchtet auch jeder Einzelne, das Ablassen von der Welt, die Hingabe an Gott, das] kann man nicht nicht-fürchten.[2]

---

[1] Die „Reden des Buddha" (Aus dem Pâli-Kanon übersetzt von Ilse-Lore Gunsser, Mit einer Einleitung von Helmuth von Glasenapp, Reclam Nr. 19302, Stuttgart 2015) enthalten im „Gleichnis vom Floß" den Hinweis darauf, dass die Lehre dem Überschreiten, nicht zum Festhalten diene; da am Ende die *wahre* Lehre aufzugeben sei, „wie viel mehr dann die falsche" (S. 58). Ähnlich äußerte sich L. Wittgenstein im „Tractatus" im Satz 6.54: „Meine Sätze erläutern dadurch, dass sie der, welcher mich versteht, am Ende als unsinnig erkennt, wenn er durch sie – auf ihnen – über sie hinausgestiegen ist." Wer ihn verstehe, müsse „diese Sätze überwinden, dann sieht er die Welt richtig", d. h. die *Leiter* wegwerfen, nachdem er auf ihr hinaufgestiegen sei.
Letztendlich geht es vielleicht darum, wie B.-Ch. Han, Abwesen, S. 91 f., mit Bezug auf Zhuangzi sagte, dass das Wissen dem Vergessen zu weichen habe, in *dem* Sinne, wie man die Füße vergessen könne, wenn man richtige Schuhe habe; *so* könne man *sich selbst* vergessen, wenn man *ganz* sei – eine vollkommener Harmonie herrsche, „wo man das Richtig-Sein selbst vergisst".
[2] Wie V. v. Strauss diese Stelle übersetzt, könnte man darin vielleicht den Angelpunkt für die „Goldene Regel" stehen. Vgl. Tobit 4,15: „Was du hasst, das tu niemand anderem an. Auf deinem ganzen Weg soll Böses nicht mit dir ziehen!" In den Worten Jesu in Lk 6,31ff, Mt 7,12: „Wie ihr wollt, dass euch die andern tun, so tut auch ihnen! Denn wenn ihr nur die liebt, die euch lieben, was für ein Dank steht euch zu? [...] Nein, liebet eure Feinde, tut Gutes"; „Alles, wovon ihr möchtet, dass es euch die Menschen tun, sollt auch ihr ihnen tun." R. Simon liest: „Wen die Menschen fürchten, der kann nicht umhin, [die Menschen] zu fürchten" (S. 67).

DIE VERFINSTERUNG, [d. i. der Grund, Un-Grund ihrer Furcht, die Hinhabe an Taò,] O DASS SIE DOCH NICHT AUFHÖRT![1]

DIE [Welt-]MENSCHEN STRAHLEN VOR LUST, WIE WER EINEN STIER OPFERT, WIE WER IM FRÜHLING EINE ANHÖHE ERSTEIGT – ICH ALLEIN [als einer der Menschen Gottes,] LIEGE STILL, NOCH OHNE ANZEICHEN DAVON, WIE EIN KINDLEIN, DAS NOCH NICHT LÄCHELT; ICH SCHWANKE UMHER, WIE WER NICHT HAT WOHIN ER SICH WENDET. DIE MENSCHEN ALLE HABEN ÜBERFLUSS – ICH ALLEIN BIN WIE AUSGELEERT; OH ICH HABE EINES STUMPFSINNIGEN HERZ! ICH BIN [in ihren Augen] SO VERWIRRT! DIE GEWÖHNLICHEN MENSCHEN SIND SEHR ERLEUCHTET: ICH ALLEIN BIN WIE VERFINSTERT. DIE GEWÖHNLICHEN MENSCHEN SIND SEHR LAUTER: ICH ALLEIN BIN GANZ TRÜBE, VERGESSEN WIE DAS MEER, FORTGETRIEBEN, WIE WER NICHT HAT, WO ER ANHÄLT [,] [einkehrt]. DIE MENSCHEN ALLE SIND ZU GEBRAUCHEN: ICH ALLEIN BIN [anscheinend, wie sie sagen,] TÖLPISCH GLEICH EINEM BAUERN. ICH ALLEIN BIN ANDERS ALS DIE MENSCHEN, ABER ICH EHRE DIE NÄHRENDE MUTTER [,] [d. i. die hehre Gottheit].[2]

---

[1] St. Julien: „Ce que les hommes craignent, on ne peut s'empêcher de le craindre. Ils s'abandonnent au désordre et ne s'arrêtent jamais." P. Carus: „What the people dread cannot be dreadless! How great is their desolation. Alas! It has not yet reached its limit." G. Debon (S. 44) las die Abrechnung mit alten Anstandsregeln heraus, die verlangen, dass man sich *demjenigen* beuge, dem sich auch andere Menschen beugen. Kopp (S. 44) nimmt Bezug darauf, *was* andere verehren, und Knospe/Brändli (S. 20) lesen die Frage heraus, ob man sich fürchten solle, *weil* andere sich fürchten; dies sei Unsinn.

[2] Für G. Debon ist dieses Gedicht viel zu bewegt und persönlich, um nur ein allg. Verhaltensbild zu sein – es sei ein Selbstbekenntnis (S. 121). Vielleicht ist es, vorblickend auf das nächste Kap., eine Klage darüber, nicht verstanden zu werden *im* Festhalten am Weg, an der Sittlichkeit, wohingegen sich viele Menschen schlichtweg an den Sitten orientieren, ohne sie kritisch zu hinterfragen.

21. Kapitel.

DES LEEREN VERMÖGENS [,] [der reinen Potenz] INHALT [ist Gottes „Dass",] NUR TAÒ [als sein „Was", das er „setzt",] FOLGET ER NACH. TAÒ IST WESEN, ABER UNFASSLICH, ABER UNBEGREIFLICH.[1]

UNBEGREIFLICH! UNFASSLICH! IN IHM SIND DIE [Urgestalten der vielgestaltigen Welt,] [Ur-]BILDER. UNFASSLICH! UNBEGREIFLICH! IN IHM IST DAS WESEN. UNERGRÜNDLICH! DUNKEL! IN IHM IST DER GEIST. SEIN GEIST IST HÖCHST ZUVERLÄSSIG. IN IHM IST TREUE. VON ALTERS HER BIS JETZT VERGING SEIN NAME NICHT, DIEWEIL ER [d. h. die zu Beginn inhaltsleer gedachte Kraft mit der Schöpfung, wirkend] ALLEN DINGEN DEN ANFANG AUSERSIEHT.[2]

WOHER WEISS ICH, DASS ALLER DINGE ANFANG ALSO? DURCH IHN [,] [denn ich halte nur an ihm fest].[3]

---

[1] St. Julien hat hingegen übersetzt: „Les formes visibles de la grande Vertu émanent uniquement du Tao. Voici quelle est la nature du Tao."
[2] P. Carus dichtete:

> „Vast virtue's form
> Follows Reason's norm.
> And Reason's nature
> Is vague and eluding.
> How eluding and vague
> All types including.
> How vague and eluding!
> All beings including.
> How deep, and how obscure.
> It harbors the spirit pure,
> Whose truth is ever sure,
> Whose faith abides for aye
> From of yore until to-day.
> Its name is without cessation.
> It watches the world's formation."

[3] P. Carus: „Whereby do I know that it watches the world's formation? By this same Reason!" St. Julien: „Comme sais-je qu'il en est ainsi de tous les êtres? (Je le sais) par le Tao." Das Walten des Vaters von allen Dingen sei – so G. Debon – „ohne weitere Ableitung, spontan" bekannt (S. 45, 121).

22. Kapitel.

»Wenn krumm, so werd' es vollkommen; wenn ungleich, so werd' es gerade; wenn vertieft, so werd' es ausgefüllt; wenn zerrissen, so werd' es neu; wenn wenig, so werd' erreicht; wenn viel, so werde verfehlt.«[1] Daher umfasst der heilige Mensch das Eine, [d. i. Gott, die eine Gottheit,] und [so] wird [er] der Welt Vorbild.[2]

Nicht sich sieht er an, darum leuchtet er; nicht sich ist er recht, darum zeichnet er sich aus; nicht sich rühmt er, darum hat er Verdienst; nicht sich erhebt er, darum ragt er hervor. Weil *er* nicht streitet, darum kann Keiner in der Welt mit ihm streiten.

Was die Alten sagten:

»Wenn krumm, so werd' es vollkommen«, sind es denn leere Worte? Ein wahrhaft Vollkommener [erscheint] – und man kehrt dahin zurück.[3]

---

[1] Vgl. Jesaja 40,4: „Was krumm ist, soll gerade werden, und was hüglig ist, werde eben."

[2] St. Julien: „Avec peu (de désirs) on acquiert le Tao; avec beaucoup (de désirs) on s'égare. De là vient que le saint homme conserve l'Unité (le Tao), et il est le modèle du monde." Nach R. Simon „trägt der Vollkommene das Eine in sich" und „macht sich zum Hirten" (S. 75).

[3] St. Julien: „L'axiome des anciens: Ce qui est incomplet devient entier, était-ce une expression vide de sens? Quand l'homme est devenu véritablement parfait, (le monde) vient se soumettre à lui." P. Carus: „is it in any way vainly spoken? Verily, they will recuperate and return home."

23. Kapitel.

WENIG REDEN [über die großen Anschauungen] IST NATURGEMÄß.[1]
WIRBELWIND WÄHRT KEINEN MORGEN; PLATZREGEN WÄHRT KEINEN TAG.
WER MACHT DIESE? [Das sind] HIMMEL UND ERDE. SOGAR HIMMEL UND
ERDE KÖNNEN [sich] NICHT LÄNGER [äußern], UM WIE VIEL WENIGER
DENN DER MENSCH!

DARUM, WES TUN MIT TAÒ [über-]EINSTIMMT, WIRD EINS MIT TAÒ;
DER TUGENDSAME WIRD EINS MIT DER TUGEND; DER VERDERBTE WIRD
EINS MIT DER VERDERBNIS. WER EINS WIRD MIT TAÒ, AUCH TAÒ FREUT'S,
IHN ZU BEKOMMEN; WER EINS WIRD MIT DER TUGEND, AUCH DIE TUGEND
FREUT'S, IHN ZU BEKOMMEN; WER EINS WIRD MIT DER VERDERBNIS, AUCH
DIE VERDERBNIS FREUT'S, IHN ZU VERDERBEN.

VERTRAUT MAN NICHT GENUG [darauf], [dass das „Vorbild-sein"
wirkt, sondern belehrt und redet viel über Tugend,] ERHÄLT MAN
KEIN VERTRAUEN.[2]

---

[1] St. Julien: „Celui qui ne parle pas (arrive au) *non-agir*." P. Carus: „To
be taciturn is the natural way."

[2] St. Julien: „Si on ne croit pas fortement (au Tao), l'on finit par n'y
plus croire." Nach R. Simon „reicht Vertrauen nicht hin dafür", es gebe
dabei Nicht-Vertrauen (S. 81). Die Nichtanerkennung des „Dao" oder
seiner sich in den Einzelheiten manifestierenden Wirkkraft „De" (S. 72)
gehöre *auch* zum So-Sein, sie sei nicht mit einem moralischen Verdikt
belegt, doch habe mangelnde Akzeptanz Konsequenzen, die *auch* zum
So-Sein gehören, mithin den gleichen Geltungsanspruch haben wie die
tiefere Erkenntnis (S. 80 f.).

24. Kapitel.

WER SICH AUF DEN ZEHEN ERHEBT, [um „höher" zu sein als andere,] STEHT NICHT FEST; WER DIE BEINE SPREIZT, [d. h. sich „breit macht",] SCHREITET NICHT FORT.[1] WER *SICH* ANSIEHT, LEUCHTET NICHT; WER *SICH* RECHT IST, ZEICHNET SICH NICHT AUS; WER *SICH* RÜHMT, HAT KEIN VERDIENST; WER *SICH* ERHEBT, RAGT NICHT HERVOR. SOLCHES GEBAREN GEHÖRT SICH VOR TAÒ NICHT, ES IST UNANSTÄNDIGES BENEHMEN. JEDER VERABSCHEUT ES. DARUM, WER TAÒ HAT, HÄLT ES NICHT SO [,] [verhält sich nicht so].[2]

---

[1] R. Simon übersetzt: „wer hastet, geht nicht voran" (S. 83).

[2] V. v. Strauss wörtlich am Ende: „Er vor Taò – heißt Abhub vom Essen, unanständig Gebaren. Jeder verabscheut es." Die obige Ausdruckweise fußt auf der Anm. 3 auf S. 125: „unziemliches, unanständiges Gebaren, Vorgehen, Benehmen". Knospe/Brändli vergleichen das Verhalten mit übermäßigem Essen und nutzlosem Bemühen (S. 24).

St. Julien: „Si l'on juge cette conduite selon le Tao, on la compare à un reste d'aliments ou à un goitre hideux qui inspirent aux hommes un constant dégoût. C'est pourquoi celui qui possède le Tao ne s'attache pas à cela."

25. Kapitel.

ES GAB EIN WESEN, UNBEGREIFLICH VOLLKOMMEN, EHE DENN HIMMEL UND ERDE ENTSTANDEN. SO STILL, SO ÜBERSINNLICH! ES ALLEIN BEHARRT UND WANDELT SICH NICHT. DURCH ALLES GEHT'S UND GEFÄHRDET SICH NICHT. MAN DARF ES ANSEHEN ALS DER WELT MUTTER.[1]

ICH KENNE NICHT SEINEN NAMEN; BEZEICHNE ICH ES, NENN` ICH'S TAÒ.[2] BEMÜHT, IHM EINEN NAMEN ZU GEBEN, NENN` ICH'S GROSS; ALS GROSS [oder unendlich] NENN` ICH'S [auch] ÜBERSCHWÄNGLICH; ALS ÜBERSCHWÄNGLICH [oder transzendent] NENN` ICH'S ENTFERNT; ALS ENTFERNT [oder absolut] NENN` ICH'S [auch] ZURÜCKKEHREND [oder immanent].

---

[1] St. Julien: „Il est un être confus qui existait avant le ciel et la terre."

P. Caurs: „There is Being that is all-containing, which precedes the existence of heaven and earth. How calm it is! How incorporeal! Alone it stands and does not change. Everywhere it goes without running a risk, and can on that account become the world's mother."

R. Wilhelm las, Sein und Nichtsein seien ungetrennt durcheinander, ehe Himmel und Erde entstanden seien (S. 33).

Bei R. Simon (S. 85) ist zu lesen, dass es ein Ding gebe, „geboren aus des Chaos Strom, vor Himmel und Erde geboren", woraus er den Schluss zieht, dass Dao als „erste Furcht" des Chaos „erschaffen," also „nicht primär" sei (S. 87).

[2] Eingangs hielten wir fest, dass Wittgenstein den Sinn *der Welt* nicht *in* der Welt verortet hat. Auch für Gottfried Wilhelm Leibniz ist „etwas Außerweltliches" der letzte Grund der Dinge (Welt). Vgl. Fünf Schriften zur Logik und Metaphysik, über. und hrsg. von Herbert Herring, Reclam Nr. 1898, Stuttgart 2009, S. 35 f. B.-Ch. Han, Abwesen, S. 30, betont indes, dass fernöstliches Denken vollends der Immanenz zugewandt sei. Der Weg (Tao) entziehe sich der Festlegung oder Benennung nicht *deshalb*, weil er zu *hoch* sei, sondern weil er *fließe*.

DENN TAÒ IST GROSS, [aber] DER HIMMEL IST [ja auch] GROSS, DIE
ERDE IST GROSS, DER KÖNIG IST AUCH GROSS. IN DER WELT GIBT'S [also]
VIELERLEI GRÖSSE [an Macht], UND DER KÖNIG BLEIBT DEREN EINER.[1]

DES MENSCHEN RICHTMASS IST DIE ERDE, DER ERDE RICHTMASS DER
HIMMEL, DES HIMMELS RICHTMASS TAÒ, TAÒ'S RICHTMASS SEIN SELBST.[2]

---

[1] St. Julien: „C'est pourquoi le Tao est grand, le ciel est grand, la terre
est grande, le roi en est aussi est grand. Dans le monde, il y a quatre grandes
choses, et le roi en est une." Mit „König" ist nach Wilhelm (S. 112 f.)
„der Repräsentant der Menschheit und Hüter der moralischen Ordnung
auf Erden" gemeint. G. Debon bemerkte, es sei fraglich, ob (lediglich)
„Mensch" oder „*der* Mensch" im Sinne eines „regierenden" Menschen
gemeint sei (S. 122). Z. W. Kopp spricht vom „Königlichen" (S. 50) und
Knospe/Brändli schreiben „der Mensch".

Vgl. im NT: „Da sagte Pilatus zu ihm: ‚So bist du also ein König?'
Jesus erwiderte: ‚Gewiss, ich bin ein König. Dafür bin ich geboren und
dafür in die Welt gekommen, dass ich der Wahrheit Zeugnis gebe.
Jeder, der ein Sohn der Wahrheit ist, hört auf meine Stimme.' Da sagte
Pilatus zu ihm: ‚Was ist Wahrheit?'" (Joh 18,37).

[2] P. Carus: „Reasons standard is intrinsic."

26. Kapitel.

DAS SCHWERE IST DES LEICHTEN WURZEL [d. h. Grundlage, Träger]; DAS RUHIGE IST DES UNRUHIGEN HERR. DAHER [,] [da er dies an den irdischen Dingen erkannt hat,] WANDELT DER HEILIGE MENSCH DEN GANZEN TAG, OHNE ZU WEICHEN VOM RUHIGEN ERNST.[1] HAT ER GLEICH PRACHTPALÄSTE, GELASSEN BEWOHNT ER SIE UND VERLÄSST SIE EBENSO [,] [ruhig].[2] WIE ABER, WENN DER GEBIETER DER MYRIADEN WAGEN [,] [der König, Kaiser,] UM SEINETWILLEN [,] [d. h. infolge eigener Nachlässigkeit, Wurzellosigkeit] LEICHT NIMMT DAS REICH? NIMMT ER'S LEICHT, SO VERLIERT ER DIE VASALLEN; IST ER UNRUHIG, SO VERLIERT ER DIE HERRSCHAFT.[3]

---

[1] Bei P. Carus ist zu lesen: „The heavy is of the light the root, and rest is motion's master. Therefore the holy man in his daily walk does not depart from dignity." Knospe/Brändli (S. 26) schreiben, der Weise lasse auch bei tagelanger Reise sein Fahrzeug nicht aus den Augen.

[2] Bei St. Julien ist zu lesen: „Quoiqu'il possède des palais magnifiques, il reste calme et les fuit." P. Carus: „ Although he may have magnificent sights, he calmly sits with liberated mind."

[3] St. Julien: „Mais hélas! les maîtres de dix mille chars se conduisent légèrement dans l'empire! Par une conduite légère, on perd ses ministres; par l'emportement des passions, on perd son trône."

R. Simon bemerkt, dass Herrschaft rückbezogen sein müsse auf die Verhältnisse der Beherrschten, aber „nicht nur, weil der Herrscher auf Gefahren achten, sondern weil er dem Beherrschten Achtung zollen" sollte (S. 90).

27. Kapitel.

»EIN GUTER WANDERER LÄSST NICHT [unschicklich] FUßSPURMÄLER,[1]

---

[1] „Die Spur", so B.-Ch. Han, Abwesen, S. 14, „zeigt in eine bestimmte Richtung. Und sie weist auf einen Täter und auf dessen Absicht hin." Der „gute" Wanderer gehe nirgends *hin*, sondern werde eins mit dem *Weg*. Das Wandern im Nicht-Sein sei „ohne Richtung", sohin „sinn-los oder sinn-entleert" (S. 25). Die Freiheit von Sinn, Richtung, Ziel, Zweck mache „ein höheres Freisein, ja das *Sein* erst möglich". Der Einklang mit dem „richtungs- und grenzen-losen Ganzen, mit dem Zustand vor der Setzung eines Unterschiedes" bringe eine himmlische, eine höchste Freude hervor, wohingegen das „Glück" auf einer Unterscheidung oder Präferenz, partieller Wahrnehmung beruhe: „Wer das Glück anstrebt, liefert sich dadurch dem Unglück aus" (S. 25 f.).

Vielleicht ist es die „Tat", die den Unterschied „macht". Das Subjekt versucht, den erfahrenen Unterschied objektiv *wieder*zuerkennen und als nach *vollziehbar* sprachlich zu vermitteln, denn alle „Gegenstände" der Erkenntnis sind auf die „Umstände" der Erfahrung rückführbar, der die „Zustände des Erlebens" zugrunde liegen. Vgl. Kurt Walter Zeidler, Begriff und ‚Faktum' der Wissenschaft, in: Ch. Krijnen/Zeidler (Hrsg.), Wissenschaftsphilosophie im Neukantianismus, Königshausen & Neumann, Würzburg 2014, S. 85-111. Der von gegenständlich *bestimmten* Zu- und Umständen los-gelöste (ab-solute) Wert oder Unwert der Tat zeigt sich nur im Tun ohne eigenes, kultürliches Zu-tun, im natürlichen Wirken (Nichten) des Nichts (im Sein des Seienden).

„Kultur" ist „das Wissen darum, Wann und Wo welche Fälle unter welche Regeln zu subsumieren" sind; vgl. K. W. Zeidler, Vermittlungen, Zum antiken und neueren Idealismus, Ferst & Perz, Wien 2016, S. 291. Sie stiftet den *geordneten* Zusammenhang zwischen vorab definierten Fällen und ersetzt eine Antizipation des Falles durch das *Versprechen* seiner Verfügbarkeit – das Wagnis des Vertrauens in das, *was* erwartet werden darf, und der Glaube als getreues Zeugnis davon, was erwartet werden *darf*, halten die „Gesellschaft" zusammen. Vgl. K. W. Zeidler, Kulturfrömmigkeit und Geltungsobjektivismus: Zur neukantianischen Revision des Apriori, in: R. Alexy et al. (Hrsg.), Neukantianismus und Rechtsphilosophie, Nomos, Baden-Baden, S. 457-466; derselbe, Das unvollendete Projekt, Theorie der Kultur oder der Vernunft? in: Krijnen et al. (Hrsg.), Kulturphilosophie, Königshausen & Neumann, Würzburg 2014, S. 187-206. Der (Lehr-)Satz, dass Versprechen nach „Treu und Glauben" *einzuhalten* sind, ist der Grundsatz aller Rechtslehre. Vgl. K. W. Zeidler, Vermittlungen, S. 182.

EIN GUTER REDNER [erweist sich – wie jeder, der etwas trefflich tut, nicht als unzulänglich,] MACHT KEINE REDEFEHLER,

EIN GUTER RECHNER BRAUCHT [kein Rechenschema,] KEINE RECHENMARKENZÄHLER,

EIN GUTER SCHLIEßER BRAUCHT WEDER SCHLOSS NOCH RIEGEL, UND DENNOCH IST [auch ohne künstliche Beihilfe] NICHT [zu öffnen, nicht] AUFZULÜPFEN,

EIN GUTER BINDER SCHLINGET KEINE KNOTEN, UND DENNOCH IST [trotz Verwendung einfachster Mittel] NICHT LOSZUKNÜPFEN.«[1]

DAHER IST DER HEILIGE MENSCH IMMER EIN GUTER HELFER DER MENSCHEN, [und weil er dies gern tut,] DARUM VERLÄSST ER KEINEN MENSCHEN; immer [,] [d. h. aufgrund der Gesinnung, ist er] EIN GUTER HELFER DER GESCHÖPFE, [solche sind auch die Tiere,] darum VERLÄSST ER KEIN GESCHÖPF [,] [stößt es nicht zurück].[2] DAS HEIßT HERRLICH LEUCHTEN [,] [Klarheit verbreiten].[3]

---

[1] Nach Z. W. Kopp (S. 52) „folgt“ der gute Wanderer „weder Spur noch Pfad“, wohingegen er nach R. Wilhelm (S. 35) keine Spur „zurücklässt“.
P. Carus:

> „Good travellers leave not trace nor track,
> Good speakers, in logic show no lack,
> Good counters need no counting rack.
> Good lockers bolting bars need not,
> Yet non their locks can loose.
> Good binders need not string nor knot,
> Yet non unties their noose."

[2] R. Simon: „und so gibt er keinen Menschen“ bzw. „keinen Gegenstand auf“ (S. 93, 95). Er sieht hier den Kern des daoistischen Humanismus formuliert: Kein Mensch müsse befürchten, fallen gelassen zu werden, auch wenn er unethisch handle; die *Würde* sei unantastbar (S. 94 f.).
P. Carus: „Therefore the holy man is always a good saviour of man, for there are no outcast people. He is always a good saviour of things, for there are no outcast things."

[3] St. Julien: „Cela s'appelle être doublement éclairé."

DARUM IST DER [heilige, d. i. der tugendhafte,] GUTE MENSCH [vorleuchtend, sodass das Gute einleuchten muss, und derart] DES NICHT-GUTEN MENSCHEN ERZIEHER [,] [Lehrer]; DER NICHT-GUTE MENSCH [ist] DES GUTEN MENSCHEN [zu veredelndes Gut,] SCHATZ. NICHT EHREN SEINEN ERZIEHER, NICHT LIEBEN SEINEN SCHATZ, IST BEI ALLER KLUGHEIT GROßE VERBLENDUNG. DAS HEIßT BEDEUTSAM [für das (Gemein-)Wohl] UND [durchaus] GEISTIG [,] [sittsam, edel].[1]

---

[1] St. Julien: „ C'est pourquoi l'homme vertueux est le maître de celui qui n'est pas vertueux. L'homme qui n'est pas vertueux est le secours de l'homme vertueux. Si l'un n'estime pas son maître, si l'autre n'affectionne pas celui qui est son secours, quand on leur accorderait une grande prudence, ils sont plongés dans l'aveuglement. Voilà ce qu'il y a de plus important et de plus subtil!"

Knospe/Brändli sagen: „Stoff", mit dem der gute Mensch arbeite (S. 27). G. Debon spricht davon, den „bösen" Menschen zu „schonen"; das nenne man: das wichtige Geheimnis (S. 51).

28. Kapitel.

»WER SEINE MÄNNLICHKEIT KENNT, AN SEINER WEIBLICHKEIT HÄLT,
[ruhig und hingebungsvoll,]
DER IST DAS STROMBETT ALLER WELT [,] [d. h. alles strömt bei
ihm zusammen, alle richten sich nach ihm, erkennen ihn an].
IST ER DAS STROMBETT ALLER WELT:
DIE STETE TUGEND NICHT ENTFÄLLT, UND WIEDER KEHRT ER EIN ZUR
ERSTEN KINDHEIT [,] [d. h. er kann ohne Furcht und Begierde in
ruhiger Unschuld die harmonische Fülle seines Wesens
darleben (in gelebte Praxis übersetzen) und erreicht dennoch
den Zweck seines Daseins].[1]
WER SEINE HELLE KENNT, SICH IN SEIN DUNKEL HÜLLT, [in seine
Unscheinbarkeit,]
IST ALLER WELT EIN MUSTERBILD.
IST ER DER WELT EIN MUSTERBILD:
DIE STETE TUGEND BLEIBT SEIN SCHILD [,] [erreicht das Ziel].
Und wieder kehrt er ein ins Unbefang'ne [,] [in einen
Zustand, das kein Ziel, kein Streben und Trachten kennt,
absichtslos und unbefangen ist].
WER SEINE HOHEIT KENNT UND HÄLT DEMÜTIGUNG, [d. h. wer sich
geehrt und ehrenwert weiß und dabei seine Geringschätzung
bewahrt, demütig bleibt,]
IST ALLER WELT TALNIEDERUNG.
IST ER DER WELT TALNIEDERUNG:
DANN STETER TUGEND IST'S GENUG,

---

[1] Vgl. Mk 10,15: „Wahrlich, ich sage euch: Wer das Reich Gottes nicht
wie ein Kind aufnimmt, wird gewiss nicht hineinkommen."

UND WIEDER KEHRT ER EIN [in's Rohholz,] ZUR ERSTEN EINFALT.«[1]
DIE EINFALT WIRD ZERSTÖRT [,] [das Rohholz zerteilt,] UND DANN
WIRD MAN [bzw. wird es als künstliches Werkzeug] BRAUCHBAR.[2]
WENDET DER HEILIGE MENSCH SIE [indes] AN, [bedient sich seiner
ungekünstelten Natur,] DANN WIRD ER DER OBERSTE DER AMTLEUTE;
DENN ER REGIERT GROßARTIG [,] [sittlich,] UND VERLETZT NICHT.[3]

---

[1] Für R. Simon (S. 96 f.) erscheint das hier vermittelte Menschenbild
„realistisch", weil der Mensch angenommen werde, wie er sei, d. h. die
„dunklen Seiten, die Möglichkeit der Schmach, also Niederlagen, Unzu-
länglichkeiten, Fehlhandlungen" nicht übergangen werden.

[2] Bei St. Julien ist hingegen zu lesen: „Quand la simplicité parfaite (le
Tao) s'est répandue, elle a formé les êtres."
   Nach G. Debon (S. 52) kehrt er ein zum „Groben und Schlichten".
Zerteile man das Grobholz, so werden „Geräte" daraus, die Debon als
„Funktionäre" gedeutet hat (S. 124). Der heilige Mensch werde, indem
er sich ihrer bediene, „zum Leiter der Amtsleute" (S. 52).

[3] P. Carus: „By scattering about his simplicity he makes [of the people]
vessels of usefulness. The holy man employs them as officers; for a
great administration does not harm." Knospe/Brändli geben die letzte
Textzeile mit dem Sprichwort wieder, ein guter Schneider habe wenig
Verschnitt (S. 28), wohingegen bei R. Wilhelm „großartige Gestaltung"
„nicht des Beschneidens" bedürfe (S. 36), und Duyvendak sagte: „For
great carving is not done by hacking" (Kap. 28).

29. Kapitel.

WER DA TRACHTEN WÜRDE, DAS REICH [an sich] ZU NEHMEN UND ES ZU MACHEN, WIR SEHEN IHM [dies] NICHT GELINGEN.[1] DAS REICH IST EIN GEISTIGES GEFÄß, ES KANN NICHT GEMACHT WERDEN. DER MACHER ZERSTÖRT ES, DER NEHMER VERLIERT ES.[2] DENN EIN [jedes] WESEN

>>BALD GEHT ES VOR, BALD FOLGT ES NACH,

BALD BLÄST ES WARM, BALD KALT DAREIN,

BALD WIRD ES STARK, BALD WIRD ES SCHWACH,

BALD STEIGT ES AUF, BALD STÜRZT ES EIN.<<[3] [Eine angemaßte Herrschaft, eine selbstersonnene Reichsgestaltung wird ihre Höhe nicht behaupten können.]

DAHER MEIDET DER HEILIGE MENSCH DAS ÜBERSTEIGEN, MEIDET DIE ÜBERHEBUNG, MEIDET DIE GRÖßE.[4]

---

[1] R. Simon stellt die Frage, wie man Souverän werden könne; die hier gegebene Antwort laute: keinesfalls, indem man sich der Machtpolitik zuwende und mit allen Mitteln die Machtübernahme anstrebe (S. 98).

[2] St. Julien: „Si l'homme agit pour gouverner parfaitement l'empire, je vois qu'il n'y réussira pas. L'empire est (comme) un vase divin (auquel l'homme) ne doit pas travailler. S'il y travaille, il le détruit; s'il veut le saisir, il le perd."

Knospe/Bränli sprechen vom Willen, die Welt zu „besitzen", um sie zu „verbessern" (S. 29). Bei R. Wilhelm steht, „ich habe erlebt, dass" es misslingt, die Welt „erobern" zu wollen „durch Handeln". Z. W. Kopp schreibt, man dürfe auf die Welt, die ein „geistiges Gebilde" sei, nicht „einwirken" (S. 54).

[3] Bei St. Julien is tzu lesen: „C'est pourquoi, parmi les êtres, les uns marchent (en avant) et les autres suivent; les uns réchauffent et les autres refroidissent; les uns sont forts et les autres faibles, les uns se meuvent et les autres s'arrêtent."

P. Carus: „And it is said of beings:

'Some are obsequious, others move boldly,

Some breathe warmly, others coldly,

Some are strong and others weak,

Some rise proudly, others sneak.'"

[4] P. Carus: „Therefore the holy man abandons pleasure, he abandons extravagance, he abandons indulgence."

30. Kapitel.

WER MIT TAÒ BEISTEHT DEM BEHERRSCHER DER MENSCHEN, [zur Seite steht dem Kaiser,] ÜBT KEINE WAFFENGEWALT IM REICH AUS. SEIN VERFAHREN LIEBT ZURÜCKZUKEHREN [,] [d. h. wie dem Wohlwollen das Wohlwollen, so pflegt der Waffengewalt die Waffengewalt zu begegnen; Krieg ist womöglich die Folge].[1] WO HEERHAUFEN LAGERN, GEH'N DISTELN UND DORNEN AUF. GROßER KRIEGSZÜGE FOLGE SIND SICHERLICH NOTJAHRE [,] [d. h. allerlei Elend, wie Zerstörung, Hungersnot oder Krankheiten].[2]

DER GUTE SIEGT, UND DAMIT [ist's] GENUG; ER WAGT ES NICHT, ZUR GEWALT ZU GREIFEN [,] [um Macht zu ergreifen]. ER SIEGT, UND IST NICHT STOLZ; SIEGT, UND TRIUMPHIERT NICHT; SIEGT, UND ÜBERHEBT SICH NICHT; ER SIEGT, UND KANN'S NICHT VERMEIDEN [,] [weil ihn der Gegner dazu zwingt]; SIEGT UND STELLT DIE GEWALT [sogleich] EIN [,] [d. h. rächt sich nicht, erobert und annektiert nicht, erzwingt keine Sonderrechtsstellung und fordert keine Kontributionen].[3]

---

[1] Vgl. Mt 26,52f.: „Stecke dein Schwert an seinen Ort! Denn alle, die zum Schwerte greifen, werden durch das Schwert umkommen."

[2] Heraklit, Frgm. B 53: „Krieg ist aller Dinge Vater, aller Dinge König." R. Simon betont, dass im Gegensatz dazu hier die Wirkung des Krieges mit Bildern der Verwüstung beschrieben werde, wenngleich „nüchtern" anerkannt werde, dass es ihn „gibt" (S. 101).

[3] M. Gandhi sagte im Zusammenhang mit der „Gewaltfreiheit" des sog. Satyagrahi, dass ein solcher „ob frei oder eingekerkert" stets siegreich sei; nur dann wäre ein/e solche/r besiegt, wenn er/sie Wahrheit und Gewaltfreiheit aufgäbe (S. 24, Auszüge aus der Rede am Vorabend des historischen Marsches nach Dandi, Satyagraha Asram, 11. März 1930).

[In Bezug auf gewaltsam begründete Macht gilt der Spruch:]

»WAS STARK GEWORDEN IST, ERGREIST;

UND DAS IST, WAS MAN TAÒ-LOS HEIßT;

WAS TAÒ-LOS IST, DAS ENDET FRÜH.«[1]

---

[1] P. Carus: „He who with Reason assists the master of mankind will not with arms conquer the empire. His methods [are such as] invite requital. Where armies are quartered briars and thorns grow. Great wars unfailingly are followed by famines. A good man acts resolutely and then stops. He ventures not to take by force. He is resolute but not boastful; resolute but non haughty; resolute but not arrogant; resolute because he cannot avoid it; resolute but not violent. Things thrive and then grow old. This is called un-Reason. Un-Reason soon ceases." R Wilhelm schreibt, „Wider-Sinn" sei „nah dem Ende" (S. 38).

31. Kapitel.

DIE SCHÖNSTEN WAFFEN [der Machthaber] sind [Werkzeuge, die Unheil verkünden und anrichten, es sind] UNGLÜCKSWERKZEUGE, ALLE [Lebe-]WESEN VERABSCHEUEN SIE [,] [wenn und weil sie ihnen Wunden, Schmerz und Tod zufügen können]; DARUM – WER TAÒ HAT, FÜHRT SIE NICHT.

IST DER WEISE DAHEIM, [d. h. in Friedenszeiten,] DANN SCHÄTZT ER DIE LINKE [,] [d. h. Schwäche]; BRAUCHT ER DIE WAFFEN, [weil er genötigt wird,] DANN SCHÄTZT ER DIE RECHTE [,] [d. h. Stärke]. WAFFEN SIND UNGLÜCKSWERKZEUGE, NICHT DES WEISEN WERKZEUGE. KANN ER NICHT UMHIN UND BRAUCHT SIE, SIND IHM FRIED' UND RUH' DOCH DAS HÖCHSTE.[1] ER SIEGT, ABER UNGERN. ES GERN TUN, IST SICH FREUEN, MENSCHEN ZU TÖTEN. WER SICH FREUT, MENSCHEN ZU TÖTEN, [Blut zu vergießen, Leid zuzufügen,] KANN SEINE ABSICHT AM REICH NICHT ERREICHEN [,] [da er sich ihm so entfremdet, sich mit ihm verfeindet, sodass sich sein Verfahren gegen ihn selbst kehrt].

---

[1] R. Simon übersetzt: „gelassen" und „leidenschaftslos" sei dann das Höchste (S. 103). Der Text vertrete keinen fundamentalen Pazifismus, Gewalt scheine „als letztes Mittel der Selbstverteidigung" anerkannt zu sein (S. 104). Vielleicht ist das der Fall, weil diesfalls kein „Unterschied" gemacht wird, sondern der „erlebte" Wert des Lebens und körperlicher Integrität durch „Umlenkung" von „sich durchsetzen wollender" Gewalt erwirkt werde; Angriff oder Notwehrexzess wären mit der im „Wu Wei" enthaltenen daoistischen Enthaltung, der Haltung der Gewaltlosigkeit, jedenfalls unvereinbar – dies zeigt auch der Schluss in diesem Kapitel. Anders als bei den Sachschäden oder heilbaren Körperschäden ist beim Leben keine nachträgliche „Entschädigung" möglich; so sind Positionen denkbar, die jegliches Strafen (im engen Sinne) entschieden ablehnen, mit Notwehr (oder Nothilfe) aber vereinbar sind – ungeachtet dessen, ob sie das Absehen davon für vorzüglicher halten; wie Jesus, der sich gegen seine Kreuzigung nicht zur Wehr gesetzt hat, wodurch er seiner „Bergpredigt" Nachdruck verliehen hat: „Liebet eure Feinde und betet für eure Verfolger" (Mt 5,44).

ERFREULICHE HANDLUNGEN BEVORZUGEN DIE LINKE, SCHMERZLICHE HANDLUNGEN BEVORZUGEN DIE RECHTE [,] [nach altem Brauch]. DER UNTERFELDHERR STEHT LINKS, DER OBERFELDHERR STEHT RECHTS; [um] ANZUZEIGEN, ER STEHE WIE BEI DER LEICHENFEIER. WER VIELE MENSCHEN GETÖTET, MIT SCHMERZ UND MITLEID BEWEIN' ER SIE. WER IM KAMPFE GESIEGT, DER STEHE WIE BEI DER LEICHENFEIER.[1]

---

[1] G. Debon schreibt: „Wenn Menschen getötet sind", „Beklagt man sie", (und) wer gesiegt habe, er halte es wie beim Leichenbegräbnis (S. 55). Im Krieg sterben Menschen „in großer Zahl", was man, wie Z. W. Kopp (S. 57) übersetzt, „mit großer Qual" betrauern soll; wie Knospe/Brändli (S. 31) und R. Wilhelm (S. 39) schreiben, „beweinen", „beklagen" sollte „mit Tränen des Mitleids".

32. Kapitel.

Taò, der Ewige, hat keinen Namen [;] [Gott ist *als* Gott nur *mit* der Welt denkbar, die er gesetzt hat – *so* kann er Gott heißen. Insoweit er nicht als Gott denkbar ist, ist er das absolute, ewige Sein, das sich *zum* Gott-sein als Über-sein, und *mit* demselben als Nicht-Sein darstellt. Insofern ist er „ohne Namen"].[1] Seine Einfältiglichkeit, [seine erste Wesenheit,] so zart sie auch ist, die ganze Welt wagt nicht, sie dienstbar zu machen [,] [d. h. sich über oder gegen sie zu erheben, sondern ehrt sie und preist ihre Wohltaten]. Wenn Fürsten und Könige sie vermöchten zu halten, alle Wesen würden von selbst huldigen, Himmel und Erde sich vereinigen, erquicklichen Tau herabzusenken;[2] das Volk – niemand geböte ihm, und von selbst wäre es rechtschaffen [und] integer].[3]

---

[1] Wird Taò als „Prinzip" (voraus-)gesetzt, so „ergibt" sich daraus nicht schon ein (vor-)bestimmter Inhalt. Vielleicht war das „namenlose" Taò dazu gedacht zu verdeutlichen, dass sich die Sittlichkeit nicht aus den Zeichen der (chinesischen) Schrift und der (Sprach-)Logik des Yi Jing folgern lässt. Vgl. Geldsetzer/Hong, Chin. Phil., 4. Kapitel, insb. 209 f.

[2] Vgl. in der Bibel, Exodus 16,4: „Da sprach der Herr zu Mose: Ich will euch Brot vom Himmel regnen lassen. Das Volk soll hinausgehen, um seinen täglichen Bedarf zu sammeln. Ich will es prüfen, ob es nach meiner Weisung lebt oder nicht." [Himmelsbrot, sog. Manna.]

[3] V. v. Strauss hat auf S. 175 angemerkt: „Denkt sich der chinesische Volksglaube nicht bloß die Zustände der Bevölkerungen, sondern auch Gunst und Ungunst der Natur abhängig von dem sittlichen Verhalten des Kaisers, so wird dies von Laò-tsè auf seinen vernünftigen Gehalt zurückgeführt, indem er zeigt, wie der Gottheit alles untertan sei, und das lebendige Verhältnis der Regierenden und der Regierten zu ihr in organischer Wechselbeziehung untereinander, dann aber wieder zu der Natur stehe", die auf die Herstellung wie auch auf die Störung der geforderten göttlichen Harmonie zurückwirke.

DER DA ANHEBT ZU SCHAFFEN, HAT EINEN NAMEN [,] [nämlich: Taò oder Gott, weil er erst durch sein Verhältnis zum Geschaffenen, zur Welt, das ist, was damit ausgesagt sein soll].[1] IST DER NAME DENN BEREITS DA, SO WOLLE MAN AUCH ANZUHALTEN WISSEN [,] [d. h. man solle beim Sagbaren verbleiben, nicht über das Unsagbare spekulieren].[2] WER [beim Erkennbaren, Fassbaren, das sich an den Werken, im sittlichen Wirken zeigt,][3] ANZUHALTEN WEIß, IST DADURCH AUßER GEFAHR.[4]

---

[1] P. Carus hat zu Beginn des Kapitels übersetzt: „Reason, so long as it remains absolute, is unnameable." Im zweiten Absatz fuhr er fort: „But as soon as Reason creates order, it becomes nameable."

[2] Schleichert/Roetz, Klassische chin. Phil., S. 138 f., weisen darauf hin, dass mit dem Benennen ein Abgrenzen und Unterscheiden der Dinge einhergehe, was möglicherweise eine *soziale Lesart* erlaube, denn das „Benennen (nach verschiedenen Rängen, Klassen etc.)" sei „Ausdruck einer Ausdifferenzierung der Gesellschaft". Vgl. Koran 2,30: „Siehe ich will auf der Erde für Mich einen Sachwalter einsetzen", und 2,31: „Und Er lehrte Adam aller Dinge Namen."

[3] Vgl. 1. Joh 2,3-6: „Daran erkennen wir, dass wir ihn erkannt haben, wenn wir seine Gebote halten. [...] Wer sagt, er sei in ihm, muss auch so wandeln, wie *er* gewandelt ist." [Bzgl. Jesus als dem „Gerechten".]

[4] St. Julien: „Le Tao est éternel et n'a pas de nom. [...] Dès que le Tao se fut divisé, il eut un nom. Ce nom une fois établi, il faut savoir se retenir. Celui qui sait se retenir ne périclite jamais." Auch Z. W. Kopp (S. 58) und Knospe/Brändli (S. 32) geben zu verstehen, dass man beim Auftreten der Namen „einhalten", „innehalten" sollte; *so* komme man nicht in Gefahr bzw. könne Gefahr vermeiden. R. Wilhelm sagte, man vermeide „Verwirrung", wenn man wisse, wo Einhalt zu tun sei (S. 40).

Vgl. P. Zeillinger, Recht gegenüber dem (herrschenden) Recht, Zur Geschichte und Bedeutung des Asyls, Vortrag vom 22. April 2016 an der Universität Wien, Tagung: Flucht und Asyl, Sozialphilosophische Perspektiven, Manuskript – die *vor*rechtliche Asylflucht: Hikesie, Asylie sei *Berufung* auf die Grundlage des Zusammenlebens, *Indikator* für ein Problem des gesellschaftlichen Zusammenhalts, *Anrufung* einer nicht identifizierbaren, sondern nur symbolisch repräsentierten Letztinstanz; ungeachtet aller Souveränität. Zur „leeren Stelle" der Souveränität vgl. P. Zeillinger, Repräsentation einer Leerstelle, oder: Auszug ins Reale, Interdisciplinary Journal for Religion and Transformation (2018), H. 7, S. 212 bis 282 (240 ff.).

ÄHNLICH IST TAÒ'S SEIN IN DER WELT, WIE BÄCHE UND FLÜSSE, DIE ZU STRÖMEN UND MEEREN WERDEN.[1]

---

[1] Bei St. Julien ist zu lesen: „Le Tao est répandu dans l'univers. (Tous les êtres retournent à lui) comme les rivières et les ruisseaux des montagnes retournent aux fleuves et aux mers."

33. Kapitel.

Wer And're kennt, ist klug; wer sich selbst kennt, ist erleuchtet. Wer And're überwindet, hat Stärke; wer sich selbst überwindet, ist tapfer. Wer sich zu genügen weiß, ist reich; wer tapfer vorgeht, hat Willen. Wer seinen Ort nicht verliert, dauert fort; wer stirbt und doch nicht untergeht, [weil er im Ewigen ist, das nicht verloren werden kann,] lebt lange [,] [das ewige Leben].[1]

---

[1] P. Carus: „One who knows others is clever, but one who knows himself is enlightened. One who conquers others is powerful, but one who conquers himself is mighty. One who knows sufficiency is rich. One who pushes with vigor has will, one who loses not his place endures. One who may die but will not perish, has life everlasting."

St. Julien: „Celui qui meurt et ne périt pas jouit d'une (éternelle) longévité." Knospe/Brändli sagen, „ewig ein Teil des Lebens" bleibe, wer sterbe, „ohne sich selbst aufzugeben" (S. 33). L. Wittgenstein hat im Tractatus gesagt (6.4311): „Der Tod ist kein Ereignis des Lebens. Den Tod erlebt man nicht." Unser Leben sei ebenso endlos, wie unser Gesichtsfeld grenzenlos sei. An anderer Stelle hielt er fest, das Subjekt gehöre nicht zur Welt, sondern es sei „eine Grenze der Welt" (5.632). „Wo in der Welt ist ein metaphysisches Subjekt zu merken?", fragte er und fuhr dann fort: „Du sagst, es verhält sich hier ganz, wie mit Auge und Gesichtsfeld. Aber das Auge siehst du wirklich *nicht*. Und nichts *am Gesichtsfeld* lässt darauf schließen," so fügte er hinzu, „daß es von einem Auge gesehen wird." (5.633).

R. Simon meint, hier werde „keine der platonischen Metempsyche oder indischen Seelenwanderung ähnliche Vorstellung" formuliert; was an *Lebenskraft* übrigbleibe, das gehe in „anderen Existenzformen" über (S. 110). Heraklit sagte einst: „Die Menschen erwartet nach ihrem Tod, was sie nicht hoffen noch glauben." (Frgm. B 27, S. 13).

Es geht vielleicht weder um das „Was" noch um das „Wo" nach dem Tod, sondern um das „Wie" im Leben, das vom Tod unberührt bleibt; die Sittlichkeit im Diesseits verliert sich nicht im Jenseits, sondern wirkt immerdar allseits.

34. Kapitel.

DER GROßE TAÒ, WIE ER UMHERSCHWEBT![1] ER KANN LINKS SEIN UND RECHTS [,] [d. h. er ist uns stets zur Seite]. ALLE WESEN VERLASSEN SICH AUF IHN, UM ZU LEBEN, UND ER VERSAGT NICHT. IST DAS WERK VOLLENDET, NENNT ER'S NICHT SEIN. ER LIEBT UND NÄHRT ALLE WESEN UND MACHT NICHT DEN HERREN.[2] EWIG OHNE VERLANGEN, KANN ER KLEIN GENANNT WERDEN. ALLE WESEN KEHRE SICH (ZU IHM), UND ER MACHT NICHT DEN HERREN — ER KANN GROß GENANNT WERDEN. DAHER MACHT DER HEILIGE MENSCH NIE DEN GROßEN, [*nicht:* er sieht sich nicht als groß an, *sondern:* er will nicht groß sein,] D'RUM KANN ER SEINE GRÖßE VOLLENDEN.[3]

---

[1] R. Wilhelm sagt: „allgegenwärtig" (S. 42), G. Debon: „überströmend" (S. 58), nach Knospe/Brändli (S. 34) führe der große Weg „überallhin".
[2] 1 Joh 4,7: „Meine Lieben, lasst uns einander lieben: denn die Liebe ist aus Gott, und wer liebt, ist aus Gott geboren und erkennt Gott. Wer nicht liebt, hat Gott nicht erkannt; denn Gott ist Liebe." 1 Joh 4,16: „Gott ist Liebe; und wer in der Liebe bleibt, bleibt in Gott, und Gott bleibt in ihm." 2 Joh 6: „Die Liebe besteht darin, dass wir nach seinen Geboten wandeln; und es ist sein Gebot, wie ihr von Anfang an gehört habt, dass ihr in der Liebe wandelt."
[3] Vgl. die Worte Jesu in Mt 23,11: „Der Größte aber von euch sei euer Diener! Wer sich selbst erhöht, wird erniedrigt, und wer sich selbst erniedrigt, wird erhöht werden." Mk 9,35: „Wenn jemand der Erste sein möchte, sei er der Letzte von allen und aller Diener."

35. Kapitel.

»Wer's große Bild [,] [d. i. die ethische Gestalt Taò's]
festhält,[1] [also: Abbild des Urbildes wird,][2]

Zu dem kommt alle Welt;

Kommt – und da ist kein Wehklagen,

Nur Friede, Ruh', Behagen.«[3]

Bei Musik und Leckereien steht der vorbeigehende Fremde still
[,] [er verweilt]; geht Taò hervor vom Munde [,] [ist davon die
Rede, dann ist's]: wie ungesalzen, der ist ohne Geschmack [,]
[man wendet sich uninteressiert ab]! Ihn anschauen genügt dem
Gesicht nicht; ihn vernehmen genügt dem Gehör nicht [,] [er reizt
die Sinne nicht – wie man so sagt]. [Ich aber sage euch:] Ihn
gebrauchen – [darin] kann [man] kein Ende finden.[4]

---

[1] R. Simon übersetzt: „die große Imago", denn da alles aus Dao hervor-
gehe, sei es das Ab*bild* des Ganzen (imago mundi), zugleich auch das
*Vor*bild eines humanen Herrschers (S. 112 f.).

[2] Vgl. aus dem NT: „Das Bild des unsichtbaren Gottes ist er" (Kol 1,15),
„Abglanz der Herrlichkeit und seines Wesens Abbild" (Hebr 1,3) sowie
„Abbild Gottes" (2 Kor 4,4); aus dem AT: „Lasst uns Menschen machen
als unser Bild" (Gen 1,26), „Mein Sohn bist du. Ich habe dich heute
gezeugt" (Ps 2,7), „Ich werde für ihn Vater sein und er wird für mich
Sohn sein" (2 Sam 7,14).

[3] Vgl. Jesu Worte: „Mein Reich ist nicht von dieser Welt. Wenn mein
Reich von dieser Welt wäre, so würden meine Diener kämpfen [...] Nun
aber ist mein Reich nicht von hier" (Joh 18,36).

[4] St. Julien: „On le regarde et l'on ne peut le voir; on l'écoute et l'on
ne peut l'entendre; on l'emploie et l'on ne peut l'épuiser."

36. Kapitel.

[Milde und Sanftmut überwinden allen Widerstand, gewaltfrei und zwanglos. Bekanntlich ist es *so*:] WAS SICH EINZIEHEN WILL, HATTE SICH SICHERLICH AUSGEDEHNT; WAS SCHWACH WERDEN WILL, WAR SICHERLICH STARK GEWORDEN; WAS FALLEN WILL, WAR SICHERLICH AUFGESTIEGEN; WAS SICH ENTREIßEN WILL, HATTE SICH SICHERLICH MITGETEILT. DAS HEIßT: VERBORGENES WIRD KLAR [,] [d. h. klar wird, was man nicht sieht, nämlich: nicht bloß, dass die Ausdehnung, die Kraft, die Höhe oder die Gaben abnehmen, sondern auch, dass sie vorher zugenommen haben müssen und dass sich der ferneren Zunahme etwas entgegengestellt haben muss, was nun die weitere Abnahme bewirkt, obwohl es weder plötzlich noch gewaltsam eingreift und auf die sanfteste und gelindeste Weise verfährt].[1]

WEICH UND SCHWACH ÜBERWINDEN HART UND STARK [,] [d. h. das, was Härte, Stärke überwindet, ist das Weiche, das Schwache, welches *innerlich* wirkt].[2]

---

[1] Vgl. Koran 30,54: „Allah ist es, Der euch in Schwäche erschaffen hat; dann gab er euch nach der Schwäche Kraft; dann gab er euch nach der Kraft Schwäche und graues Haar."

[2] Paulus hielt im Brief an die Korinther fest: „die Kraft vollendet sich in der Schwachheit" (2 Kor 12,9), „wenn ich schwach bin, dann bin ich stark" (2 Kor 12,10).

DER FISCH DARF DIE WASSERTIEFE NICHT VERLASSEN [,] [denn im weichen Wasser und nicht auf harter Erde ist er wohlbehalten, geschützt]; [Waffen sind] DES LANDES SCHARF GERÄT, NICHT DARF MAN [nehmend, rüstend] ES DEN MENSCHEN ZEIGEN.[1]

---

[1] Nach R. Simon (S. 117) „kann" sich der Fisch nicht aus dem Gewässer entfernen, scharfe Geräte „dürfen nicht" vorgewiesen werden. Simon bemerkt in diesem Zusammenhang, dass der daoistische Humanismus kapitale Strafen als demonstratives Abschreckungsmittel entschieden ablehnt.

Knospe/Brändli schreiben, man dürfe seine Waffen „nicht zur Schau stellen" (S. 36). R. Wilhelm übersetzte anders: „Förderungsmittel" statt „Waffen" (S. 44), denn er bezog den Inhalt des Kap. auf eine „geheime Erleuchtung", „esoterische Weisheit" (S. 116).

P. Carus: „[Therefore beware of hardness and strength:] As the fish should not escape from the deep, so with the country's sharp tools the people should not become acquainted." St. Julien: „Le poisson ne doit point quitter les abîmes; l'arme acérée du royaume ne doit pas être montrée au peuple."

37. Kapitel.

Taò ist ewig ohne Tun, [ohne Taten der Strenge und Gewalt,] und doch ohne Nicht-Tun [,] [denn durch die Macht dessen, was er *Ist*, vereinigt er Tun und Nicht-Tun; bei allem, was in der Welt geschieht, tritt das Tun Gottes als solches nie heraus, da Gott seinen Willen *in* den Dingen und Ereignissen sowie *durch* dieselben zur Tat werden lässt – *so* „tut er" und ist dabei doch „ohne Tun". Wer Gott erkannt, geistig geschaut hat, *tut* Gutes, also *wirkt* Gott ohne Tun].[1]

---

[1] St. Julien: „Le Tao pratique constamment le *non-agir* et (pourtant) il n'y a rien qu'il ne fasse." Und P. Carus: „Reason always practises non-assertion, and there is nothing that remains undone."

Paulus hat im Brief an die Römer geschrieben: „Alle, die ohne das Gesetz gesündigt haben, werden ohne Gesetz verlorengehen, und alle, die unter dem Gesetz gesündigt haben, werden durch das Gesetz gerichtet werden. [...] wenn die Heiden, die das Gesetz nicht haben, aus natürlichem Antrieb das Gebotene tun, so sind sie, wiewohl sie das Gesetz nicht haben, sich selbst Gesetz: sie geben zu erkennen, dass ihnen das vom Gesetz gemeinte Werk im Herzen geschrieben steht" (Röm 2,12-16). „Heben wir nun das Gesetz durch den Glauben auf? Keienswegs! Wir bringen es vielmehr zu Geltung." (Röm 3,31). „Gebt allen, was ihr ihnen schuldig seid: wem Steuer, dem Steuer; wem Zoll, dem Zoll; wem Furcht, dem Furcht; wem Ehre, dem Ehre! Bleibt niemandem etwas schuldig – nur eines schuldet ihr: einander zu lieben. Denn wer den Nächsten liebt, hat das Gesetz erfüllt. Wenn es heißt: Du sollst nicht ehebrechen, du sollst nicht töten, nicht stehlen, nicht begehren, und was es sonst noch an Geboten gibt, so ist alles in diesem einen Wort zusammengefasst: Du sollst deinen Nächsten lieben wie dich selbst. Die Liebe tut dem Nächsten nichts Böses. So ist die Liebe die Erfüllung des Gesetzes." (Röm 13,7-10).

WENN KÖNIGE UND FÜRSTEN (DAS) ZU BEOBACHTEN [und sittlich zu wirken] VERMÖCHTEN, [SO] WÜRDEN SICH ALLE WESEN VON SELBST [im sittlichen Sinne] UMWANDELN.[1] WANDELTEN SIE SICH [,] [kehrten] um [zur Sittlichkeit] UND WOLLTEN SICH [doch damit unvereinbar] AUFTUN, SO WÜRDE ICH SIE NIEDERHALTEN [mit dem bloßen Hinweis auf Unsittlichkeit, ohne Anweisung, d. h.] MIT DES NAMENLOSEN EINFACHHEIT.[2]

---

[1] R. Simon kommentiert, mit dem Vertrauen der Herrschenden auf Dao komme alles ins Lot, indem „der autonomen Selbstveränderung" Raum gegeben werde, womit „ein Begriff der individuellen Freiheit postuliert" sei, der als Bedingung der Möglichkeit selbstbestimmter Entfaltung des Individuums verstanden werden könne (S. 118).

Vgl. im Brief an die Römer: „Und wir wissen, dass denen, die Gott lieben, alles zum Guten gereicht, weil sie im Voraus nach seinem Ratschluss berufen sind. Denn die Er voraus-ersehen [hat], die hat Er auch voraus-bestimmt, nach dem Bilde seines Sohnes gestaltet zu werden" (Röm 8,28f.); „die sich von seinem Geiste leiten lassen, die sind Kinder Gottes" (Röm 8,14).

[2] St. Julien: „Si, une fois convertis, ils veulent encore se mettre en mouvement, je les contiendrai à l'aide de l'être simple qui n'a pas de nom (c'est-à-dire le Tao)."

Im Brief an die Römer sagte Paulus: „Da glaubt der eine, alles essen zu dürfen, der [...] lebt fleischlos – wer isst, soll den anderen nicht verachten, und er nicht isst, soll nicht über den anderen richten: Gott hat ihn angenommen. Wer bist du denn, dass du einen fremden Diener richtest? [...] Da unterscheidet einer die Tage, indem er diesen vor jenem Tag bevorzugt, während der andere alle Tage gleich nimmt – mag nur jeder in seinem Denken voll überzeugt sein! Wer auf den Tag achtet, tut es für den Herrn; wer isst, tut es für den Herrn; er dankt ja auch Gott; und wer nicht isst, tut es ebenfalls für den Herrn: auch er dankt Gott. Es lebt ja niemand von uns für sich selbst, und niemand stirbt für sich selbst [...] Ich weiß, [...] dass an sich nichts unrein ist – für einen aber, der etwas für unrein ansieht, ist es dann eben unrein. [...] das Reich Gottes liegt ja doch nicht im Essen und Trinken, sondern da geht es um Gerechtigkeit, Frieden und Freude im Heiligen Geiste. So wollen wir auf das bedacht sein, was dem Frieden und der gegenseitigen Förderung dient!" (Röm 14). Außerdem sagte er (2. Kor 3,6): „Der Buchstabe tötet, der Geist hingegen macht lebendig."

»DES NAMENLOSEN EINFACHHEIT
BRINGT AUCH BEGEHRENSLOSIGKEIT;
BEGEHRENSLOSIGKEIT MACHT RUH'N
UND ALLE WELT VON SELBST DAS RECHTE TUN.«[1]

---

[1] P. Carus:

„The simplicity of the unexpressed
Will purify the heart of lust.
Where there's no lust there will be rest,
And all the world will thus be blest."

1 Kor 14,33: „Gott ist nicht ein Gott der Unordnung, sondern des Friedens."

ZWEITES BUCH.

38. Kapitel.

HOHE TUGEND KEINE TUGEND, [ist selbstvergessen,] DAHER IST SIE TUGEND;[1] NIEDERE TUGEND UNFEHLBAR TUGEND, DAHER IST SIE NICHT TUGEND.[2]

HOHE TUGEND [folgt aus der Einheit mit Taò,] IST OHNE TUN, UND ES IST IHR NICHT UM'S TUN [,] [sie besteht im Sein]; NIEDERE TUGEND TUT UND ES IST IHR UM'S TUN [,] [d. h. sie will anerkannt werden]. HOHE MENSCHENLIEBE TUT, [sie ist nicht nur Gefühl und Wort, sondern Tat,] UND ES IST IHR [dennoch] NICHT UM'S TUN [,] [sie handelt selbstlos; sie verhält sich also wie hohe Tugend].[3]

---

[1] Nach G. Debon weiß die höchste Tugend nichts von der Tugend (S. 65), nach R. Wilhelm sucht das hohe Leben nicht sein Leben (S. 49), nach Z. W. Kopp ist hohe Wirkkraft ohne Wirken, nach Knospe/Brändli bemüht sich ein wirklich Tugendhafter nicht um seine Tugend (S. 38).
[2] Die Tugend (Te) ist nach L. Geldsetzer und H.-d. Hong, Chinesische Philosophie, S. 18, „Leitbegriff für dasjenige, was dem guten Herrscher die Macht zu allem Guten verleiht und nachmals dem Philosophen alle Wirksamkeit". Die Frage nach der (Selbst-)Erkenntnis sei in China stets im Kontext der Praxis gestanden, sodass alles Philosophieren ethisch durchzogen und alles Nachdenken über den Menschen ein Nachdenken über seine Tugend (gewesen) sei (S. 19 f.).
   Konfuzius (Gespräche VI, 29; Reclam, S. 37) sagte: „Maß und Mitte bewahren – das ist die höchste Tugend." R. Simon schreibt, höchstes De (Te) zu haben, sei gleichbedeutend damit, über das höchste Maß an „Verwirklichung von Dao" zu verfügen (S. 123).
[3] Vgl. Hos 6,6: „an Liebe habe ich Gefallen, nicht an Schlachtopfern".

Hohe Gerechtigkeit tut, und es ist ihr um's Tun [,] [sie muss *sich* mit Bewusstsein betätigen].[1] Hohe Anständigkeit tut, und entspricht ihr Keiner, so streckt sie den Arm aus und erzwingt es [,] [denn rein äußerliche Schicklichkeit verlangt Erwiderung].[2]

Darum: verliert man Taò, hernach hat man Tugend; verliert man die Tugend, hernach hat man die Menschenliebe; verliert man die Menschenliebe, hernach hat man Gerechtigkeit; verliert man die Gerechtigkeit, hernach hat man Anständigkeit.

---

[1] Vielleicht ist gemeint, dass Gerechtigkeit „eingefordert" wird, *indem* Verhältnisse als ungerecht „angesprochen" werden, sodass sie, obwohl Ausfluss der Sittlichkeit (arg. „hohe"), sich nicht in Rechtschaffenheit als Haltung erschöpft, sondern vernünftige „Rechtfertigung" zu- oder abspricht und faire *Ausgestaltung* (Setzung, Durchsetzung, Ersetzung) nötig macht; sie wird seit alters zusammen mit „Recht" und „Gericht" gedacht; dies klingt im Wort „Justiz" nach. Vgl. H. Pačić, Kein Anrecht auf Unrecht, BoD, Norderstedt 2021.

[2] Konfuzius (Gespräche VIII, 9; Reclam, S. 47) sagte: „Man kann dem Volk wohl Gehorsam befehlen, aber kein Wissen." H. Schleichert und H. Roetz, Klassische chin. Phil., S. 129, deuten die Kap. 18 und 28 als Hinweis darauf, dass das Aufkommen der Tugendlehre davon zeuge, dass die Verhältnisse nicht mehr in Ordnung seien: Das, was sein *soll*, sollte man *nicht merken*, denn sobald *auffällt*, dass ein Beamter seine Aufgaben pflichtgetreu erfüllt, beweise das eine allgemeine Zerrüttung des Staates. Auf S. 130 fassen sie zusammen: „Wer Tugend besitzt, benötigt keine Moralvorschriften; wer über Tugend erst nachdenken muss, der besitzt sie offenbar nicht." „Besonders lächerlich," so sagen sie deutend, „sind Tugendhüter, die verstört und aufgeregt sind, wenn nicht jedermann auf ihre Moralität aufmerksam wird. Dann krempeln sie die Ärmel hoch, um die erwünschte Anerkennung zu erzwingen."

Vielleicht ist mit „Anständigkeit" die „Sitte" als Vorform von Recht einerseits und Moral (Moralgesetzlichkeit) andererseits angesprochen; während die Sittlichkeit mit Zwang nichts zu tun hat, wohnt dem Recht wie auch Bräuchen, Riten usw. ein Zwang inne. „Sie allein ist", schreibt V. v. Strauss, „weil ganz äußerlich, auch erzwingbar" (S. 178); hier ist nicht bloß an staatliche Durchsetzung gedacht, sondern z. B. auch an soziale Ausgrenzung udgl.

DIESE ANSTÄNDIGKEIT IST DER TREU' UND REDLICHKEIT AUßENSEITE [,] [d. h. ein dünner Überzug von Treu und Glauben,] UND DER UNBOTMÄßIGKEIT [,] [der staatlichen Wirren, der Empörung und Anarchie] BEGINN.[1]

DAS ÄUßERLICHE WISSEN [um die Umgangsformen] IST TAÒ'S BLÜTE UND [doch ist es dann, wenn es von diesem Wurzelboden getrennt ist,] DER UNWISSENHEIT ANFANG.[2] DAHER BLEIBT EIN WAHRER WEISER BEI SEINEM INHALT UND WEILT NICHT BEI SEINER AUßENSEITE; BLEIBT BEI SEINER FRUCHT UND WEILT NICHT BEI SEINER BLÜTE. DARUM LÄSST ER JENES UND ERGREIFT DIESES.[3]

---

[1] Geldsetzer und Hong, Chin. Phil., S. 108, lesen dagegen: „Ist das Dao verloren, dann auch De (die Tugend). Ist Ren verloren, dann auch Yi (Gerechtigkeit). Ist Yi verloren, dann auch Li (Sittlichkeit). Li (wie Kong Zi es verstand) ist Dürftigkeit an Treue und Vertrauen und Anfang aller Verwirrungen." Lao-tse verneine nicht die konfuzianischen Tugenden, sondern stütze sie auf ein anders Prinzip, um die Effektivität zu sichern.
    R. Wilhelm sagte „Moral" (S. 49) und G. Debon sagte „Sittsamkeit" anstatt „Anständigkeit", doch ist „diese" äußere Schicklichkeit gemeint, wie sie umschrieben wurde.
[2] Vgl. Koran 45,17: „Sie wurden erst uneins, nachdem das Wissen zu ihnen kam, aus Neid aufeinander."
[3] Vgl. Mt 7,1: „Richtet nicht, damit ihr nicht gerichtet werdet! Denn so, wie ihr richtet, werdet auch ihr gerichtet werden, und mit dem Maße, mit dem ihr messt, wird auch euch gemessen werden." Außerdem Mt 7,15f.: „Hütet euch vor falschen Propheten, die in Schafskleidern zu euch kommen, inwendig aber reißende Wölfe sind! An ihren Früchten werdet ihr sie erkennen."

39. Kapitel.

WAS EINSTMALS [Wesens-]EINHEIT GEKRIEGT [hat]:[1]

»HIMMEL KRIEGTE EINHEIT, DAMIT [Glanz, d. i.] GLAST,

ERDE EINHEIT, DAMIT RUH' UND RAST,

GEISTER EINHEIT, DAMIT DEN VERSTAND,

BÄCHE EINHEIT, DAMIT VOLLEN RAND,

ALLE WESEN EINHEIT, DAMIT LEBEN,

FÜRST UND KÖNIG [sittliche] EINHEIT, UM DER WELT DAS RECHTE MAß

ZU GEBEN.«

DAS BEWIRKT DIE[se] EINHEIT:[2]

»GÄBE NICHTS DEM HIMMEL GLAST,

WÜRD' ER, TRAUN [d. h. fürwahr], ZERSCHELLEN;

GÄBE NICHTS DER ERDE RAST,

WÜRDE SIE ZERSPELLEN [d. h. sich spalten];

GÄB' DEN GEISTERN NICHTS VERSTAND,

WÜRDEN SIE ZERFLIEGEN;

FÜLLTE NICHTS DER BÄCHE RAND,

WÜRDEN SIE VERSIEGEN;

GÄBE NICHTS DEM WESEN LEBEN,

WÜRDEN SIE ZERWALLEN;

HÄTTEN FÜRST UND KÖNIG NICHT, UM HOCH UND EDEL MAß ZU GEBEN,

TRAUN, SIE WÜRDEN FALLEN.«

---

[1] P. Carus: „From the old these things have obtained oneness".
[2] P. Carus: „Such is the result of oneness".

D'RUM MACHT DAS EDLE DAS GERINGE ZU SEINER WURZEL, DAS HOHE MACHT DAS NIEDRIGE ZU SEINER GRUNDLAGE [,] [d. h. die Organe des Staates sind Teil des Staates, einer sittlich-politischen Einheit]. DAHER NENNEN SICH FÜRSTEN UND KÖNIGE: VERWAISTE, WENIGKEITEN ODER UNWÜRDIGE. MACHEN SIE DENN DAS GERINGE ZU IHRER WURZEL, ODER NICHT?[1] D'RUM, FERTIGE WAGENSTÜCKE SIND KEIN WAGEN. WER [von ihnen] NICHT [im Volke verwurzelt bleiben,] HOCHGESCHÄTZT WERDEN WILL, WIE EIN NEPHRIT, [Edelstein,] WIRD GERINGGESCHÄTZT, WIE EIN [gemeiner] STEIN.[2]

---

[1] P. Carus: „Thus, the noble come from the commoners as their root, and the high rest upon the lowly as their foundation. Therefore, princes and kings call themselves orphans, widowers, and nobodies. Is this not because they [representing the unity of the commoners] take lowliness as their root?"

[2] St. Julien übersetzte hingegen: „C'est pourquoi si vous décomposez un char, vous n'avez plus de char. (Le sage) ne veut pas être estimé comme le jade, ni méprisé comme la pierre." Bei R. Wilhelm (S. 50) ist zu lesen, man solle nicht das glänzende Gleißen des Juwels, sondern die rohe Rauheit des Steins wünschen.

R. Simon sagt, Dao durchdringe als das Eine alles, ohne dass von einem Telos der Schöpfung die Rede wäre, und weil es alles, also auch das vermeintlich Niedrigste, den Feldstein durchdringe, sei alles gleich viel wert, was – wie Simon erkennt – bei Übersetzung in das Politische nichts anders heißt als: „Alle Menschen sind gleich, weil sie alle Anteil an Dao haben" (S. 126). Es geht nicht um Petrologie, es geht um Ethik.

40. Kapitel.

»RÜCKKEHR IST TAÒ'S BEWEGNIS,[1] [wie alles von ihm ausgeht, so kehrt alles zu ihm zurück, ohne Kraft und Gewalt, denn]

SCHWACHSEIN IST TAÒ'S GEPFLEGNIS [,] [sein Verfahren].«

ALLE WESEN DER WELT ENTSTEHEN [*oder* werden geboren] AUS DEM [*oder* im] SEIN. DAS SEIN ENTSTEHT AUS DEM [*oder* es wird geboren im] NICHTSEIN [und Rückkehr dahin ist Befreiung vom Sein, das die Wesen *haben*, welches jedoch nicht das ihnen gesetzte Ansich ist].[2]

---

[1] Vgl. den Satz des Anaximander bei Th. Buchheim, Die Vorsokratiker, C.H. Beck, München 1994, S. 62: „[Werden und Vergehen der Dinge sind verknüpft] gemäß dem unerlässlichen Muß: Denn sie gewähren einander gebührendes Recht und Vergeltung für das Unrecht in der Ordnung der Zeit."

St. Julien: „Le retour au non-être (produit) le mouvement du Tao." G. Debon las, die Bewegung des Weges verlaufe im Gegensinn (S. 69).

H. Schleichert/H. Roetz, Klassische chin. Philosophie, S. 114, halten fest, dass mit der „Rückwendung" des Tao eine „Umwertung" gemeint sein könnte. Vielleicht geht es darum, „die Richtung des Weges", wie Knospe/Brändli übersetzen (S. 40), d. i. „seine Art und Weise", als eine des „Nachgebens" voraus- und [*so* der Tradition] „entgegenzusetzen". Heraklit (B 76, S. 25) sagte in gleichem Sinne: „Nicht soll man als Kind seiner Eltern handeln (d.h. so wie es Herkommen ist)."

[2] Parmenides hielt es für undenkbar, unsagbar, dass Nichtsein *sei;* vgl. Georg Picht, Die Fundamente der griechischen Ontologie, Klett-Cotta, Stuttgart 1996, S. 209.

St. Julien: „Toutes les choses du monde sont nées de l'être; l'être est né du non-être." Vielleicht ist damit gesagt, dass sich das Seiende nicht *bloß* aus dem Sein zu verwirklichen vermag. Selbstverwirklichung bedarf des Wirkens eben*so* wie des Zur-Wirkung-gelangen-lassens bedarf, denn – wie erwähnt – im Sein des Seienden nichtet das Nichts; dem Nichten Raum zu geben, heißt: *sich* zurückzunehmen, sich nicht aufzudrängen, niemandem etwas aufzuzwingen, sondern „natürlich" in *dem* Sinne zu verfahren, dass Natur zwar gewaltig anmutet, aber nicht gewalttätig ist – sie ist das *Was*, das nicht *sich* durchsetzt; Natürlichkeit ist ein *Wie*, das Sanftmut birgt.

Aus der Bergpredigt Jesu: „Selig die Sanftmütigen, denn sie werden das Land besitzen." (Mt 5,5).

41. Kapitel.

HÖREN HOCHGEBILDETE VON TAÒ, WERDEN SIE EIFRIG UND WANDELN IN IHM. HÖREN MITTELGEBILDETE VON TAÒ, BALD BEHALTEN SIE IHN, BALD VERLIEREN SIE IHN. HÖREN NIEDRIGGEBILDETE VON TAÒ, VERLACHEN SIE IHN HÖCHLICH.[1] LACHTEN SIE NICHT, SO GENÜGTE ES NICHT, UM FÜR'S [hohe] TAÒ ZU GELTEN.[2]

DENN AUFRICHTIGE WORTE SIND ES:

»WER LICHT IN TAÒ, IST [den Unverständigen] WIE VOLL NACHT,[3]

WER WEIT IN TAÒ, [erscheint ihnen] WIE RÜCKGEBRACHT,

WER HEHR IN TAÒ, WIE UNGESCHLACHT,

WER HOCH AN TUGEND [ist], [ist] WIE IN TAL, [d. h. demütig,]

WER GROß AN REINHEIT, [d. h. sittlicher Lauterkeit, ist] WIE VOLL MAL', [d. h. wie schimpflich, schmachvoll, weil er sich nichts aus äußeren Ehren macht,]

WER REICH AN TUGEND, [scheint] WIE AM NÖT'GEN KAHL, [weil ihm das fehlt, was sie für notwendig erachten,]

WER FEST AN TUGEND, WIE IN SCHWANKEN, [wie jemand, der nicht weiß, was er will, weil er die Mittel, die ihm Vorteil verschaffen könnten, nicht nutzt, und Bedenken hat, die sie nicht nachvollziehen können,]

---

[1] R. Simon (S. 131 f.) spricht von „Dienstmännern", von den beamteten Gefolgsleuten der Herrschenden. Während Knospe/Brändli (S. 41) vom guten, durchschnittlichen und dummen „Schüler" reden, spricht Kopp (S. 69) vom „Verständigen", Wilhelm (S. 52) vom „Weisen" und Debon vom „Meister" – jeweils verschiedener Art, unterschiedlichen „Grades".
[2] Konfuzius (Gespräche IV, 25; Reclam, S. 24) sprach: „Tugend steht nicht allein. Wer das Rechte tut, wird bestimmt Freunde finden."
[3] Wesen sei Unterschied, Abwesen sei In-Differenz, sagte B.-Ch. Han, Abwesen, S. 39 und 42, und das „Licht der In-Differenz" (S. 50) sei ein stehendes (stilles), nicht blendendes Licht „ohne Richtung", das nichts bescheine oder bestrahle, es unterstreiche nicht die Präsenz der Dinge, sondern tauche sie in eine Abwesenheit (S. 47).

WER ECHT AN GLAUBEN, [an Treue, erscheint] WIE IN WANKEN [,]
[weil sie ihm *wegen* seiner Aufrichtigkeit misstrauen].

EIN GROß QUADRAT [ist er gleichsam, d. h. allseits wohl
bemessen, doch erscheint er ihnen wie] OHN` WINKELFLANKEN,
[mithin als etwas, das sich selbst widerspricht,]

EIN GROß GEFÄß, [im höchsten Sinne brauchbar, erscheint aber
wie] UNFERTIG ALT, [d. h. zu spät fertig, nie eigentlich fertig –
sie wissen nichts mit ihm anzufangen; hätten sie nur
aufgeschlossenen Sinn für ihn, denn er ist wie]

EIN GROßER KLANG, DER [aber] SCHWACH ERSCHALLT, [weil sie kein
Ohr dafür haben,]

EIN GROßES BILDNIS [des Taò ist er, ihnen erscheint er aber
wie] OHN` GESTALT.

TAÒ IST VERBORGEN, NAMENLOS,

DOCH NUR TAÒ [ist] IM VERLEIH'N UND IM VOLLENDEN GROß.«[1]

---

[1] Vgl. die Worte Jesu in Mt 7,7f.: „Bittet, so wird euch gegeben werden;
sucht, so werdet ihr finden; klopfet an, so wird euch aufgetan werden,
denn jeder, der bittet, empfängt; wer suchet, der findet; und wer an-
klopft, dem wird aufgetan werden."

St. Julien: „ Le Tao se cache et personne ne peut le nommer. Il sait
prêter (secours aux êtres) et les conduire à la perfection."

P. Carus: „Reason so long as it remains hidden is unnameable. Yet
Reason alone is good for imparting and completing."

42. Kapitel.

[Der einige] Taò [oder Gott] ERZEUGT EINS, EINS [ist *er* als das Alleinige, es] ERZEUGT ZWEI, ZWEI [ist der Alleinige *als* Gottheit, sie] ERZEUGT DREI, DREI [ist der Geist, er] ERZEUGEN ALLE WESEN.[1] ALLE WESEN TRAGEN DAS RUHENDE [d. i. Yin] UND UMSCHLIEßEN DAS TÄTIGE [d. i. Yang]; DIE VERMITTELNDE NATURSEELE [d. i. Qi (Ch'i)] BEWIRKT DIE VEREINIGUNG.[2]

WAS DIE MENSCHEN HASSEN, IST, VERWAISTE, WENIGKEITEN, UNWÜRDIGE ZU SEIN, UND KÖNIGE UND FÜRSTEN MACHEN ES [dennoch] ZU IHRER BEZEICHNUNG. DENN EIN WESEN:

»BALD NIMMT'S AB UND NIMMT DOCH ZU, BALD NIMMT'S ZU UND NIMMT

DOCH AB«.[3]

---

[1] Zhuangzi (Reclam, S. 83): „Sieht man die Dinge vom Standpunkt ihrer Ähnlichkeit aus, dann sind die Myriaden Dinge alle eins." R. Simon (S. 133) sagt: das Eine, „das Zweifache", „das Dreifache"; alles stütze sich auf „Yin", trage „Yang" in sich, „Qi" bringe beide in Übereinstimmung.
[2] Dreiheit ist die kleinste systematische Einheit; um *Einheit* zu denken, bedarf es Desselben, des Anderen und des Dritten, welches Trennung und Vermittlung, Analysis und Synthesis ermöglicht, also *Dreieinigkeit*. Vgl. H. Pačić, Apologie des Sokrates, Vortrag, BoD, Norderstedt 2021, S. 46 („Alterität ist a priori im Plural").
[3] V. v. Strauss verwies hier auf Lk 17,33: „Wer sein Leben zu gewinnen strebt, wird es verlieren; und wer es verliert, wird es neu gewinnen."
P. Carus übersetzte: „Thus, on the one hand, loss implies gain, and on the other hand, gain implies loss."

WAS AND'RE LEHREN, DAS LEHRE ICH AUCH:

»GEWALTTÄTIGE, HALSSTARRIGE ERREICHEN NICHT IHREN
[natürlichen] TOD [,] [ihr Ableben].«[1]

ICH WILL DARAUS EINEN LEHRGRUND MACHEN.[2]

---

[1] Geldsetzer/Hong, Chin. Phil., S. 104: „bekommen nicht ihren eigenen Tod". St. Julien: „Les hommes violents et inflexibles n'obtiennent point une mort naturelle."

[2] Vielleicht ist mit R. Simon zu lesen, dass Gewalttätige nicht gelernt haben zu sterben (S. 135); er meint, es werde hier versucht, inhumane Gewalt zu verstehen – sie sei auf „mangelnde Empathie", letztlich auf die Unfähigkeit zurückzuführen, den Tod zu „empfinden" (S. 136 f.)

43. Kapitel.

DER WELT ALLERNACHGIEBIGSTES [verzichtet auf Kampf, dennoch] ÜBERWÄLTIGT [es seinen Widersacher,] DER WELT ALLERHÄRTESTES. DAS NICHT-SEIENDE DURCHDRINGT DAS ZWISCHENRAUMLOSE. DARAUS ERKENNE ICH [des Wirkens bloß durch Kundgebung des Wesens, d. h.] DES NICHT-TUNS VORTEIL.[1]

DES NICHT-REDENS LEHRE, DES NICHT-TUNS VORTEIL, WENIGE IN DER WELT ERREICHEN SIE.[2]

---

[1] St. Julien: „Le non-être traverse les choses impénétrables. C'est par là que je sais que le non-agir est utile."

[2] St. Julien: „Dans l'univers, il y a bien peu d'hommes qui sachent instruire sans parler et tirer profit du non-agir."

Bei P. Carus ist zu lesen: „ Thereby I comprehend of non-assertion the advantage, and of silence the lesson. There are few in the world who obtain the advantage of non-assertion."

44. Kapitel.

NAME ODER PERSON,[1] WAS IST NÄHER? PERSON ODER BESITZ, WAS IST MEHR? ERWERBEN ODER VERLIEREN, [an Ruhm und an Reichtum auf der einen und am Selbst, an der Seele auf der anderen Seite,] WAS IST SCHLIMMER? DAHER:

»WER [Ansehen und Besitz] ZU SEHR LIEBT,

NOTWENDIG GROß DRANGIBT [,] [d. h. wendet dafür viel auf];[2]

WER VIEL ERGIERT, [d. h. gierig ansammelt,]

NOTWENDIG [am (Lebens-)Ende] STARK VERLIERT;

WER G'NÜGE KENNT,

WIRD [hingegen] NICHT [an der Ehre] BELEIDIGT;

WER STILL KANN STEH'N, [d. h. sich enthalten kann,]

WIRD GEFAHR [,] [welcher Leidenschaft entgegentreibt,]

ENTGEH'N;[3] [sich selbst beherrschend, macht er es sich nicht schwer; herrschend unterdrückt er niemanden; und er]

KANN DABEI LANGE [über-]DAUERN.«[4]

---

[1] Name oder Sein (Knospe/Brändli, S. 44), Ruhm oder Leben (Kopp, S. 72), Name oder Ich (Wilhelm, S. 55), Ruhm oder Leib (Debon, S. 73).

[2] Debon (S. 73) und Knospe/Brändli (S. 44) sprechen davon, dass der, der allzu sorgsam, übertrieben „spart", groß vergeuden, große Opfer bringen müsse, Kopp (S. 72) liest hingegen: „Wer sein Herz an vieles hängt", R. Wilhelm: „Wer sein Herz an andres hängt" (S. 55). P. Carus: „Extreme dotage leads to squandering".

[3] St. Julien schrieb: „Celui qui sait s'arrêter ne périclite jamais. Il pourra subsister longtemps."

[4] R. Simon macht „modestas" als Thema aus, die Beschränkung darauf, was für menschenwürdiges Leben nötig ist, denn es scheine nur dann möglich zu sein, „lange zu bestehen", wenn weltweit eine „Reduktion im Konsum natürlicher Ressourcen" vorgenommen werde (S. 138 f.).

Chilon aus Sparta sprach: „Nichts zu sehr; das Gedeihen hängt am richtigen Maß." Vgl. Leben und Meinungen der Sieben Weisen, erl. von Bruno Snell, 4. Aufl., Heimeran, München 1971, S. 9. Darin finden sich ähnliche Aussprüche, wie von Kleobulos: „Maß ist das Beste." (S. 103).

45. Kapitel.

»DER RECHT (oder: groß) VOLLKOMMENE IST WIE UNZULÄNGLICH [,]
[unvollkommen, unbrauchbar]; [doch]
WES ER GEBRAUCHT, IST UNVERGÄNGLICH [d. h. vollkommen ist
nicht er selbst, sondern das, woran er festhält; das, *wodurch*
er wirkt].[1]
DER RECHT ERFÜLLTE IST [wirklich] WIE LEER; [doch]
WES ER GEBRAUCHT, [d. h. woraus er schöpft,] ERSCHÖPFT SICH
NIMMERMEHR.
DER RECHT GERADE [oder Getreue] IST WIE KRUMM,
DER RECHT GESCHEITE IST WIE DUMM [oder unfähig],
DER RECHT BEREDTE IST WIE STUMM [oder stammelnd].«
UNRUHE ÜBERWINDET KÄLTE, RUHE ÜBERWINDET HITZE [,] [in der
sittlichen Ordnung ist weniger die kalte Leidenschaftslosigkeit,
vielmehr die Hitze der Begierden zu befürchten]. DER REINE, [d.
h. lautere, klare Mensch, der] RUHIGE WIRD [durch sein Wesen
und Verhalten] DER WELT RICHTMAß.[2]

---

[1] St. Julien: „(Le Saint) est grandement parfait, et il paraît plein
d'imperfections ; ses ressources ne s'usent point."
[2] V. v. Strauss merkte an: „Laò-tsè weist hier, wie öfter, auf das Ideal
hin, ohne dessen Verwirklichung in der Vergangenheit und Gegenwart
zu behaupten." (S. 210).
Bei P. Carus lautet das Ende des Kap.: „Purity and clearness are the
world's standard." Kopp schreibt: „Klarheit und Ruhe" (S. 73), Wilhelm:
„Reinheit und Stille" (S. 56).

46. Kapitel.

HAT DAS REICH TAÒ, SO BEHÄLT MAN GANGROSSE [als Arbeitspferde] ZUR FELDDÜNGUNG; HAT DAS REICH NICHT TAÒ, SO LEBEN KRIEGSROSSE IM AUSLAND.[1]

»KEIN GRÖß'RER FREVEL [der Machthaber], ALS [sich] GELÜST ERLAUBT ZU NENNEN [,] [sich das Begehren nach Mehr zu gestatten];

KEIN GRÖß'RES UNHEIL, ALS GENÜGEN NICHT ZU KENNEN [,] [weil dies zur Unzufriedenheit mit alledem führt, was man hat];

KEIN GRÖß'RES LASTER, ALS NACH MEHRBESITZ ZU BRENNEN [,] [weil die Eroberungssucht den Krieg nach sich zieht].«[2]

DR'UM, WER SICH ZU GENÜGEN WEIß, [im Sinne von: weiß, dass das Genügende genug ist,] HAT EWIG GENUG.[3]

---

[1] Nach Debon „züchtet" man dann Kriegspferde „selbst in der Vorstadt" (S. 75); nach Kopp (S. 74) *grasen* Streitrosse auf dem Feld, indes *ziehe* das Ross den Dünger aufs Feld, sofern das Tao in der Welt herrsche.

Simon bemerkt, früher Daoismus habe zwar keinen fundamentalen Pazifismus vertreten, sei jedoch von einer tiefen Abneigung gegen das Militärische erfüllt (S. 144).

[2] P. Carus: „No greater sin than yielding to desire. No greater misery than discontent. No greater calamity than acquisitiveness."

[3] St. Julien: „Celui qui sait se suffire est toujours content de son sort."

P. Carus: „Therefore, he who knows contentment's contentment is always content."

47. Kapitel.

Nicht ausgehend zur Tür, kennt man die Welt; nicht ausblickend zum Fenster, sieht man des Himmels Weg [,] [der Mikrokosmos ist Spiegel und Lehrbuch des Makrokosmos]. [Nur am Kleinen ist das Große, nur am Nahen das Ferne, nur am Besonderen das Allgemeine erkennbar.] Je weiter man ausgeht, desto weniger kennt man [,] [d. h. Erkenntnis geht von Selbsterkenntnis aus].[1] Weshalb der heilige Mensch:

>»Nicht hingeht, und kennt,
>
>Nicht sieht, und benennt,
>
>Nicht tut, und vollend't.«[2]

---

[1] P. Carus betrachtet nicht das Ende, sondern den Anfang als ein Zitat:
„Without passing out the gate
The world's course I prognosticate.
Without peeping through the window
The heavenly Reason I contemplate.
The further one goes,
The less one knows."

[2] Vielleicht ist dies in dem Sinne gemeint, wie z. B. Aurelius Augustinus, de vera religione, Übers. und Anm. von Wilhelm Thimme, Reclam (Nr. 7971), Stuttgart 2010, S. 123, riet: „Geh nicht nach draußen, kehr ein bei dir selbst! Im inneren Menschen wohnt die Wahrheit." Auch in dem Sinne, in dem Heraklit (Frgm. B 101, S. 30) sagte: „Ich habe mir selbst nachgeforscht." Zunächst ist da die eigene Betroffenheit, dann kommt gemeinsame Erfahrung und sodann sprachlich vermittelte Erkenntnis.

48. Kapitel.

Wer tut im Lernen, nimmt täglich zu; wer tut in Taò, [entkleidet sich des Angeeigneten,] nimmt täglich ab; nimmt ab und nimmt weiter ab, um anzulangen am Nicht-Tun. Er tut nicht, und doch ist er nicht untätig. Bekommt er das Reich, (so ist es) immer durch Nicht-Geschäftigkeit. Solange Einer [noch um das Eigen, seine Person] Geschäftigkeit hat, verdient er nicht, das Reich [anvertraut] zu bekommen.[1]

---

[1] P. Carus: „With non-assertion there is nothing that he cannot achieve. When he takes the empire, it is always because he uses no diplomacy. He who uses diplomacy is not fit to take the empire." Nach Knospe und Brändli geht es darum, sich nicht „in die Dinge einzumischen" (S. 48); Wilhelm (S. 59) und Kopp (S. 76) sprechen – wie V. v. Strauss – von „Geschäftigkeit".

St. Julien: „C'est toujours par le *non-agir* que l'on devient le maître de l'empire. Celui qui aime à *agir* est incapable de devenir le maître de l'empire." Es geht sonach (nach wie vor) darum, „ohne Zutun zu Tun".

49. Kapitel.

DER HEILIGE MENSCH HAT KEIN BEHARRLICH HERZ [,] [verurteilt also niemanden]; AUS DER HUNDERT GESCHLECHTER HERZEN MACHT ER SEIN HERZ [,] [d. h. er würdigt alle als frei und gleich, oder: liebt sie wie sich selbst].[1]

DEN GUTEN BEHANDLE ICH GUT, DEN NICHTGUTEN BEHANDLE ICH AUCH GUT. TUGEND IST GÜTE. DEN AUFRICHTIGEN BEHANDLE ICH AUFRICHTIG, DEN NICHTAUFRICHTIGEN BEHANDLE ICH AUCH AUFRICHTIG. TUGEND IST AUFRICHTIGKEIT.

DER HEILIGE MENSCH IST *IN* DER WELT VOLLER FURCHT, DASS ER *DURCH* DIE WELT SEIN HERZ VERUNREINIGE [,] [sodass er nicht ohne Worte lehren könnte]. DIE HUNDERT GESCHLECHTER ALLE RICHTEN [nämlich] AUF IHN OHR UND AUGE. DEM HEILIGEN MENSCHEN SIND SIE *ALLE* [wie] KINDER [,] [*um* die er besorgt ist, *für* die er sorgt].[2]

---

[1] R. Simon übersetzt, der Vollkommene habe keinen (selbstbezogenen) Geist, er nehme den Geist des Volkes als seinen Geist; das Kap. werde mitunter so verstanden, dass vom Volk ausgesprochene Wertungen für den Herrscher verbindlich seien (S. 151 f.) – als Festlegung auf eine *demokratische* Haltung (S. 153). Es geht vielleicht um die „Gesinnung", Debon übersetzt denn auch „Sinn" (S. 78). Nach Kopp (S. 77) hat der Weise kein „verschlossenes" Herz, nach Knospe/Brändli (S. 49) macht er sich „die Bedürfnisse der Menschen zu eigen".

[2] St. Julien: „Le Saint n'a point de sentiments immuables. Il adopte les sentiments du peuple. [...] Le Saint vivant dans le monde reste calme et tranquille, et conserve les mêmes sentiments pour tous. [...]" Carus: „He universalises his heart, and the hundred families fix upon him their ears and eyes. The holy man treats them all as children." R. Wilhelm: „als seine Kinder" (S. 60).

50. Kapitel.

AUSGEHEN ZUM LEBEN IST EINGEHEN ZUM STERBEN [,] [doch kann der Mensch das weltliche Leben durch das geistliche Sterben zum göttlichen Leben überwinden.].[1]

»DES LEBENS GESELLEN SIND DREIZEHN, DES STERBENS GESELLEN DREIZEHN. LEBT DER MENSCH, SO REGT ER DER TÖDLICHEN STELLEN AUCH DREIZEHN.«[2]

WARUM DAS? WEGEN SEINER LEBENSLUST ÜBERMAßES [;] [d. h. wer zu begierig ist, zehrt das Leben durch das Leben auf].

---

[1] St. Julien: „L'homme sort de la vie pour entrer dans la mort."

Heraklit sagte einst: „Da sie geboren sind, nehmen sie auf sich zu leben und den Tod zu haben" (Frgm. B 20, S. 11), und: „Unsterbliche sterblich, Sterbliche unsterblich – lebend einander ihren Tod, ihr Leben einander sterbend" (Frgm. B 62, S. 23).

[2] Ähnlich übersetzt G. Debon (S. 50) und gibt die Erläuterung von Han Fe-dsě wieder, wonach die 13 Begleiter des Lebens und des Todes die vier Gliedmaßen der Arme und Beine sowie die neun Leibesöffnungen seien (S. 128). R. Wilhelm sagt hingegen: drei von zehn seien Knechte des Lebens bzw. des Todes und drei von zehn suchen das Leben, regen dabei aber ihre sterbliche Stelle (S. 61). Nach Kopp (S. 78) geraten die drei von zehn in Not, weil sie sich selbst in den Tod treiben.

St. Julien: „Il y a treize causes de vie et treize causes de mort. À peine est-il né que ces treize causes de mort l'entraînent rapidement au trépas. Quelle en est la raison? C'est qu'il veut vivre avec trop d'intensité."

DENN WIR HÖREN:

»WER DAS LEBEN ZU ERFASSEN WEIß, GEHT GERADEZU – OHNE ZU
FLIEH'N – VOR NASHORN UND TIGER; GEHT IN EIN KRIEGSHEER, OHNE
ANZULEGEN PANZER UND WAFFEN. DAS NASHORN HAT NICHT, WO ES
SEIN HORN EINSTIEßE, DER TIGER HAT NICHT, WO ER SEINE KLAUEN
EINSCHLÜGE, WAFFEN HABEN NICHT, WO SIE IHRE SCHNEIDE
EINBRÄCHTEN.«[1]

WARUM DAS? WEIL ER [im Geiste, im Gegensatz zum Leibe,] KEINE
TÖDLICHE STELLE HAT.[2]

---

[1] P. Carus: „Indeed, I understand that one who takes good care of his life, when travelling on land will not fall in with the rhinoceros or the tiger. When coming among soldiers, he need not fear arms and weapons. The rhinoceros finds no place where to insert his horn. The tiger finds no place where to lay his claws. Weapons find no place where to thrust their blades. The reason is that he does not belong to the realm of death." St. Julien: „Quelle en est la cause? Il est à l'abri de la mort!"

[2] Geldsetzer/Hong, Chin. Phil., S. 104 f., lesen die Stelle deutlich anders als V. v. Strauss. Die Stelle handle davon, wie man *für gewöhnlich* mit dem Tod umgehe. Man werde geboren und gehe zum Tode. 3 von 10 hängen am Leben, 3 von 10 am Tode. Von denen, die ihr Leben durch den Tod bewegen lassen, seien es auch nur 3 von 10. Nun wörtlich: „Ich habe gehört, daß einer, der sein Leben bewahren wollte, alles dafür tat, Büffeln und Tigern aus dem Wege zu gehen. Im Krieg setzte er sich nicht den Waffen aus. Der Büffel war das Nichts, das sozusagen mit seinen Hörnern stieß. Der Tiger war das Nichts, das sozusagen mit seinen Krallen riß. Die Waffen waren das Nichts, das sozusagen mit Spitzen stach. Wie das? Weil für ihn das Nichts der Tod war." Dies sei kein Plädoyer „für ein langes, sondern für ein gehaltvolles, rundes und mit der Natur in Einklang stehendes Leben", denn wer mit dem Tod zu leben wisse, zumal das Leben selbst sozusagen tödlich sei, werde nicht in der Gefahr das völlige Nichts drohen sehen, sondern vernünftig mit ihr umgehen – das Nichts sei ohnehin ins Sein verflochten (S. 105 f.).

51. Kapitel.

TAÒ ERZEUGT SIE, SEINE MACHT ERHÄLT SIE, SEIN WESEN GESTALTET SIE, SEINE KRAFT VOLLENDET SIE: DAHER [ist] VON ALLEN WESEN KEINES, DAS NICHT ANBETE TAÒ UND VEREHRE SEINE MACHT.[1]

TAÒ'S ANBETUNG, SEINER MACHT VEREHRUNG IST NIEMANDES GEBOT UND IMMERDAR FREIWILLIG. DENN TAÒ ERZEUGT SIE, ERHÄLT SIE, ZIEHT SIE GROß, BILDET SIE AUS, VOLLENDET SIE, REIFT SIE, VERPFLEGT SIE, BESCHIRMT SIE.[2]

ERZEUGEN UND NICHT BESITZEN, TUN UND NICHTS D'RAUF GEBEN, GROßZIEHEN UND NICHT BEHERRSCHEN – DAS HEIßT TIEFE TUGEND.[3]

---

[1] Zhuangzi (Reclam, S. 121) sagte, der Weg kenne weder einen Anfang noch ein Ende. Zudem sprach er davon, fest *gegründet im Grundlosen* zu sein (S. 83). Was B.-Ch. Han zur „Philosophie des Zen-Buddhismus" (S. 17) gesagt hat, ist vielleicht in diesem Zusammenhang angebracht: „Die fehlende Konzentration der ‚Macht' auf einen *Namen* führt zu einer Gewaltlosigkeit. Niemand repräsentiert eine ‚Macht'." Vgl. z. B. Horst Georg Pöhlmann, Die altchinesische Religion: Laotse und Konfuzius, NZSTh 2014, 56 (3), S. 367-378 (371, „Wu Wei" und „Nicht-Gewalt").

R. Simon spricht davon, dass Dao „verehrt" und De „wertgeschätzt" werde (S. 157), *nicht* von „Anbetung" oder einer religiösen Verehrung. Während nach Knospe/Brändli (S. 51) der Weg Leben gibt, die Tugend nährt, die Umgebung gestaltet und die Umstände zur Reife bringen, gebiert nach Kopp (S. 79) das Tao, seine Wirkkraft nährt, sein Wesen gestaltet und seine Macht vollendet; ähnlich drückt sich R. Wilhelm aus (S. 62), Debon (S. 51) meint, dass der Weg erzeuge, die Tugend hege, die Wesen formen und die Macht vollende.

St. Julien bringt an dieser Stelle Tao und Te (Tugend) zusammen: „Le Tao produit les êtres, la Vertu les nourrit. Ils leur donnent un corps et les perfectionnent par une secrète impulsion."

[2] R. Carus: „Since the esteem of Reason and the honoring of virtue is by no one commanded, it is forever spontaneous. Therefore it is said that Reason quickens all creatures, while virtue feeds them, raises them, nurtures them, completes them, matures them, rears them, and protects them." Vgl. Koran 2,256: „Kein Zwang im Glauben!" 109,6: „Euch euer Glaube und mir mein Glaube!"

[3] V. v. Strauss sprach von einer „Forderung ethischer Gottähnlichkeit des Menschen" (S. 228).

52. Kapitel.

DIE WELT HAT EINEN URGRUND, DER WARD ALLER WESEN MUTTER.[1] HAT MAN SEINE MUTTER GEFUNDEN, [Gott als Schöpfer,] SO ERKENNT MAN DADURCH SEINE KINDSCHAFT.[2] HAT MAN SEINE KINDSCHAFT ERKANNT, UND KEHRT ZURÜCK ZU SEINER MUTTER, SO IST DES LEIBES UNTERGANG OHNE GEFAHR [,] [denn er kehrt zu seinem Schöpfer zurück].[3]

»SCHLIESST MAN SEINE AUSGÄNGE, MACHT ZU SEINE PFORTEN«, [die körperlich-sinnlichen Vermittlungsorgane des Geistes mit der Außenwelt,]

SO IST DES LEIBES ENDE OHNE SORGE [,] [d. h. man kann die Welt beruhigt verlassen].[4] ÖFFNET MAN SEINE AUSGÄNGE, FÖRDERT MAN SEINE ANLIEGEN, SO IST MAN BEI DES LEIBES ENDE OHNE RETTUNG [,] [weil man nicht loslassen kann].

---

[1] P. Carus: „When the world takes its beginning, Reason becomes the world's mother."

[2] St. Julien: „Dès qu'on possède la mère, on connaît ses enfants."

Echnaton pries sich einst im Lobpreis Gottes damit, ihn als „Sohn" so zu kennen, wie niemand sonst, wobei er ihn als „Mutter und Vater" für seine Geschöpfe bezeichnete; Sonnenhymnen, Ägyptisch/Deutsch, Übersetzt und hrsg. von Christian Bayer, Reclam Nr. 18492, Stuttgart 2012, S. 21 und 29.

[3] St. Julien: „Dès que l'homme connaît les enfants et qu'il conserve leur mère, jusqu'à la fin de sa vie il n'est exposé à aucun danger."

Knospe/Brändli schreiben, wer die Mutter verstehe, verstehe auch ihre Kinder; verstehe man diese und bleibe in Kontakt mit der Mutter, so begegne man bis zum Tod keiner Gefahr (S. 52). Vielleicht ist in diesem Sinne davon die Rede, die *Kultur* nicht aus der *Natur* zu lösen; Welt ist Mit-Welt *und* Um-Welt.

[4] Vgl. Koran 89,27-30: „O du Seele voll Ruhe, Kehre zu deinem Herrn zurück, zufrieden und (Ihn) zufriedenstellend, Und tritt ein unter Meine Diener, Und tritt ein in Mein Paradies."

AUF DAS KLEINE SEHEN, HEIßT ERLEUCHTET SEIN; WEICHHEIT BEWAHREN, HEIßT STARK SEIN.[1] GEBRAUCHT MAN SEINE KLARHEIT UND KEHRT ZURÜCK ZU SEINEM LICHTE, SO VERLIERT MAN NICHTS BEI DES LEIBES ZERSTÖRUNG.[2]

DAS HEIßT EWIGKEIT ANZIEHEN.[3]

---

[1] Vgl. Koran 6,12: „Vorgeschrieben hat Er [Gott] Sich selbst die Barmherzigkeit."

[2] St. Julien: „S'il fait usage de l'éclat (du Tao) et revient à sa lumière, son corps n'aura plus à craindre aucune calamité. C'est là ce qu'on appelle être doublement éclairé."

Vgl. Koran 6,36: „Und die Toten wird Allah [Gott] erwecken." 2,62: „Siehe, die da glauben, auch die Juden und die Christen und die Sabäer – wer immer an Allah [Gott] glaubt und an den Jüngsten Tag und das rechte tut, die haben ihren Lohn bei ihrem Herrn. Keine Furcht kommt über sie, und sie werden nicht traurig sein." 2,143: „Und Allah [Gott] lässt euren Glauben nicht verloren gehen."

[3] Zum „Anziehen" vgl. Gal 3,27-29: „da ihr in Christus hineingetauft seid, habt ihr Christus angezogen", Eph 4,23f.: „dass ihr gegenüber eurem früheren Wandel den alten Menschen von euch tun müsst, der in seiner trügerischen Lust sich selbst zugrunde richtet, um euch in Geist und Gesinnung zu erneuern und den neuen Menschen anzuziehen, der nach Gottes Urbild in wahrer Gerechtigkeit und Heiligkeit geschaffen ist", wie auch Kol 3,10f.: „zieht aus den alten Menschen mitsamt seinen Werken und zieht den neuen an, der wieder jung wird an Erkenntnis", da „heißt es nicht mehr: Heide oder Jude, beschnitten oder unbeschnitten, Barbar, Skythe oder Freier – nein, da ist Christus alles und in allen." Kol 3,12-14: „Zieht denn an [...] Erbarmen, Güte, Demut, Sanftmut, Geduld! [...] Und über all dem zieht die Liebe an, das Band zur Vollendung."

53. Kapitel.

[Es wird behauptet:] »Wenn ich hinreichend erkannt habe, wandle ich im grossen Taò; nur bei der Durchführung [in der Politik] ist dies zu fürchten: Der grosse Taò ist sehr gerade, aber das Volk liebt die Umwege.«[1]

Sind die Paläste sehr prächtig, so sind die Felder sehr wüst, die Speicher sehr leer. [Auf Kosten des Volkes:] Bunte Kleider anziehen, scharfe Schwerter umgürten, sich füllen mit Trank und Speisen, kostbare Kleinodien haben in Überfluss, das heisst mit Diebstahl prahlen [,] [denn das Volk ist so gut wie bestohlen]; [das heisst] wahrlich nicht Taò haben.[2]

---

[1] Bei St. Julien ist zu lesen: „Si j'étais doué de quelque connaissance, je marcherais dans la grande Voie. La seule chose que je craigne, c'est d'agir. La grande Voie est très-unie, mais le peuple aime les sentiers."

Nach Z. W. Kopp (S. 53) wandelt jemand, der einmal erkannt hat, stets im großen Tao, fürchtet nur, davon abzuweichen.

[2] G. Debon sagt „Banditen-Übermut" statt „Diebstahl" (S. 53), Knospe und Brändli sagen, das seien „Raubritter und Räuberbarone" (S. 53), R. Wilhelm übersetzt, da herrsche „Räuberwirtschaft" (S.64).

R. Simon vernimmt „die Stimme der Bedrückten und Entrechteten", ohne dass zur Revolution aufgerufen würde; es werde nur festgestellt, dass den Verantwortlichen Dao fehle (S. 162 ff.). M. Gandhi verstand „Gewaltfreiheit" so, dass sie zwar Nichtzusammenarbeit mit dem Bösen erfordere, aber zugleich die freiwillige Unterwerfung unter die Strafe, die sie nach sich ziehe (S. 16, Erklärung beim sog. großen Prozess von 1922, Ahmedabad, 18. März 1922). Diese Nichtzusammenarbeit müsse gewaltfrei sein, also ohne Gefühl von Bestrafung, Vergeltung, Bosheit, bösem Willen oder Hass ausgeübt werden (S. 77, Aus Young India, 25. August 1920).

Mit Bezug auf die Steuer sagte Jesus nach Mt 22,21: „So gebt dem Kaiser, was dem Kaiser, und Gott, was Gott gehört!" Paulus bringt die Steuer in Röm 13,6 in Zusammenhang mit der gerechten Schuldigkeit: „Deshalb zahlt ihr ja auch die Steuer."

54. Kapitel.

Wird gut gebaut, so wird nicht abgerissen; wird gut verwahrt, so kommt nichts abhanden; Kinder und Kindeskinder bringen ihm [dem Stifter des Familienvermögens] Opfer ohn' Aufhören [,] [d. h. sein Wirken wirkt nach ihm weiter, wirkt nach, wofür ihm die Nachfahren dankbar sind].[1]

> »Er [,] [der Kaiser,] führt ihn bei sich selber ein,
>
> Dann hat sein' Tugend echt Gedeih'n;
>
> Er führt ihn ein in seinem Haus,
>
> Dann fliesst sein' Tugend reichlich aus;
>
> Er führt ihn ein in seinem Ort,
>
> Dann wächst sein' Tugend mächtig fort;
>
> Er führt ihn ein in seinem Land,
>
> Dann hat sein' Tugend Blütenstand;
>
> Er führt im ganzen Reich ihn ein,
>
> Dann schliesst sein' Tugend Alles ein.«[2]

---

[1] V. v. Strauss merkte an, die Eingründung Taò's in den Herzen werde hier mit der Stiftung einer Familie durch Familienhaus und Familiengut verglichen (S. 241).

[2] St. Julien bezog dies auf den *Menschen*: „Si (l'homme) cultive le Tao au dedans de lui-même, sa vertu deviendra sincère."

Darum: An der Person prüft man die Personen, an dem Hause prüft man die Häuser, an dem Orte prüft man die Orte, an dem Lande prüft man die Länder, an dem Reiche [der Mitte] prüft man das Reich. Woran erkenne ich, dass das Reich also sei? An ihm [selbst,] [d. h. an *seiner* Tugend].[1]

---

[1] Geldsetzer und Hong, Chin. Phil., S. 108 f., lesen: „Von seinem Körper aus soll man die Körper betrachten, von seiner Familie aus die Familie, von seiner Gemeinde aus die Gemeinde, von den Dingen der Welt aus die Dinge der Welt. Wie weiß ich, dass ich alles in der Welt erkenne? Eben dadurch (dass ich vom Nächstgelegenen ausgehe).‟ Simon sagt, der Spruch atme konfuzianischen Geist (S. 166). Vgl. zur „Mitte‟ z. B. aus dem Koran (2,143): „Und so machten wir euch zu einem Volk der Mitte, auf dass ihr Zeugen für die Menschen seid.‟ Im „Vorspann‟ zum „Buch von Maß und Mitte‟ von Konfuzius sagt Zhu Xi: „Mitte bezeichnet den rechten Weg, den alle unter dem Himmel gehen sollen.‟ [Reclam, Stuttgart 2015, hrsg. von Ferdinand und Uta Fellmann]. Über den Weg des Weisen und Edlen steht im Buche (S. 49): „So schreitet er auf dem Weg von Maß und Mitte. Er pflegt das Alte und ist für das Neue offen.‟

55. Kapitel.

WER IN SICH HAT DER TUGEND FÜLLE, GLEICHT DEM NEUGEBORENEN KINDE [,] [d. h. in der Versuchung bewährter Unschuld]: GIFTIG GEWÜRM STICHT ES NICHT, REIßENDE TIERE PACKEN ES NICHT, RAUBVÖGEL STOßEN ES NICHT [,] [d. h. nicht, dass sie keine Gefahr *sind*, sondern dass er sie deshalb nicht für gefährlich *hält*, weil sie das *ewige* Sein nicht gefährden, denn mit der Leiblichkeit ist das Neugeborene noch nicht vertrat – es kann in der Gefahr *ruhig* bleiben]. DIE KNOCHEN SIND SCHWACH, DIE SEHNEN WEICH, UND DOCH GREIFT ES FEST ZU.[1] DEN GANZEN TAG SCHREIT ES, UND DOCH WIRD DAS SCHLUCHZEN NICHT HEISER, AUS FÜLLE DES EINKLANGS.

---

[1] B.-Ch. Han, Abwesen, S. 17, notiert: „Die Schwäche der Knochen und die Geschmeidigkeit der Muskeln sind der Standfestigkeit des Wesens entgegengesetzt, in der dies dem Anderen standhält und widersteht."
Bei R. Simon ist im Folgesatz zu lesen: „Er weiß nichts von der Vereinigung von Mann und Frau, und doch richtet sich sein kindliches Glied auf" (S. 169). P. Carus: „He does not yet know the relation between male and female, but his virility is strong." St. Julien: „Il ne connaît pas encore l'union des deux sexes, et cependant certaines parties (de son corps) éprouvent un orgasme viril. Cela vient de la perfection du *semen*." Strauss hat den besagten Satz nicht ins Deutsche übertragen, sondern auf Griechisch eingefügt. Das Thema ist hierbei wiederum die „Unterscheidung", d. h. Kleinkind weiß nicht zwischen Mann und Frau zu unterscheiden, ohne dass ihm der Geschlechtstrieb abhandenkäme. Vgl. z. B. das Kap. zur Entwicklung der Sexualfunktion im „Abriss der Psychoanalyse" von S. Freud, Internat. Zeitschrift für Psychoanalyse und Imago, Bd. 25 (1940), H. 1, S. 8-67.
Im Kommentar bemerkt R. Simon, das „Ziel" aller Bemühungen sei nicht ein „asketisches Verhalten um der Entsagung willen, sondern ein erfülltes Leben, dessen Beschränkung angenommen" werde, ohne mit dieser Bedingung zu hadern (S. 170).

»DEN EINKLANG KENNEN, [die innere Harmonie,] HEIẞT EWIGKEIT;

DAS EW'GE KENNEN, ERLEUCHTETHEIT;

VOLL LEBEN, HEIẞT UNSELIGKEIT;

DAS HERZ INS SEELISCHE LEGEN, KRÄFTIGKEIT.

WAS STARK GEWORDEN IST [in Hingebung des Herzens an die sinnliche Lebenskraft], ERGREISET,

UND DAS IST, WAS MAN TAÒ-LOS HEIẞT.

WAS TAÒ-LOS IST, DAS ENDET FRÜH.«[1]

---

[1] P. Carus: „To know the harmonious is called the eternal. To know the eternal is called enlightenment. To increase life is called a blessing, and heart-directed virtuality is called strength, but things vigorous are about to grow old and I call this un-Reason. Un-Reason soon ceases!"

56. Kapitel.

DER WISSENDE REDET NICHT [viel]; DER [viel] REDENDE WEIß NICHT [,] [was wesentlich ist].[1]

»SEIN' AUSGÄNGE SCHLIEßT ER,

MACHT ZU SEINE PFORTEN,

ER BRICHT SEINE SCHÄRFE, [die verletzende Spitze ab,]

STREUT AUS SEINE FÜLLE, [teilt seinen Reichtum,]

MACHT MILDE SEIN GLÄNZEN,

WIRD EINS SEINEM STAUBE.«[2]

DAS HEIßT TIEFES EINSWERDEN [d. i. die *unio mystica*].[3]

DARUM IST ER UNZUGÄNGLICH FÜR ANFREUNDUNG, UNZUGÄNGLICH FÜR ENTFREMDUNG, UNZUGÄNGLICH FÜR VORTEIL, UNZUGÄNGLICH FÜR SCHADEN, UNZUGÄNGLICH FÜR EHRE, UNZUGÄNGLICH FÜR SCHMACH.[4]

DARUM WIRD ER VON ALLER WELT GEEHRT.

---

[1] R. Simon bezieht dies auf die „unio mystica", die Erfahrung einer Verschmelzung mit Dao, die so wenig mitgeteilt, wie Dao in Worte gefasst werde könne (S. 175).

[2] Vgl. Kap. 4.

[3] St. Julien: „On peut dire qu'il ressemble au Tao."

[4] St. Julien: „Il est inaccessible à la faveur comme à la disgrâce, au profit comme au détriment, aux honneurs comme à l'ignominie." Kopp liest, dass *ihn* weder Zu- noch Abneigung, Gewinn oder Verlust, Ehrung oder Missachtung berühren (S. 84), anders lesen Knospe/Brändli: „Du kannst ihm weder […] noch […]" (S. 56). Wilhelm schreibt wie Strauss „unzugänglich" (S. 67), Debon übersetzt: „unerreichbar" (S. 85).

57. Kapitel.

MIT REDLICHKEIT REGIERT MAN DAS LAND, MIT ARGLIST BRAUCHT MAN WAFFEN, MIT UNGESCHÄFTIGKEIT [,] [d. h. ohne Überregulierung,] GEWINNT MAN DAS REICH [für sich].[1]

WOHER WEIß ICH, DASS ES SO IST? DAHER: JE MEHR VERBOTE UND BESCHRÄNKUNGEN DAS REICH HAT, DESTO MEHR VERARMT DAS VOLK; JE MEHR SCHARFES GERÄT [Waffen] DAS VOLK HAT, DESTO MEHR WIRD DAS LAND BEUNRUHIGT; JE MEHR [Luxus-]KUNSTFERTIGKEIT DAS VOLK HAT, DESTO WUNDERLICHERE DINGE KOMMEN AUF;[2] JE MEHR GESETZE UND VERORDNUNGEN KUNDGEMACHT WERDEN, DESTO MEHR DIEBE UND RÄUBER GIBT ES.[3]

---

[1] St. Julien: „Avec la droiture, on gouverne le royaume; avec la ruse, on fait la guerre; avec le *non-agir*, on devient le maître de l'empire."
[2] Vielleicht sind die „Erfindungen", um die es hier geht, solche, die der Kriegsführung dienen; der Zusammenhang spräche dafür, sodass nicht die Kunst abgelehnt wird, sondern: weitere, neue, schlimmere Waffen.
[3] Knospe/Brändli schreiben nach der Frage nach dem „Woher" ich das weiß: „Ich sehe und erlebe es." (S. 57).

Vgl. Paulus in Röm 3,20: „durch das Gesetz kommt ja die Erkenntnis der Sünde." Röm 5,13: „auch schon *vor* dem Gesetz gab es ja Sünde in der Welt, nur wird die Sünde nicht angerechnet, wo kein Gesetz ist"; und in Röm 7,11: „die Sünde erhielt ihren Anreiz durch das Gebot". Im Jakobusbrief (1,25) steht: „Wer aber auf das vollkommene Gesetz der Freiheit schaut und darin verharrt, indem er es nicht nur hört, um es gleich wieder zu vergessen, sondern es auch in die Tat umsetzt: der wird selig sein in seinem Tun."

D'RUM SAGT DER HEILIGE MENSCH: ICH BIN OHNE TUN, UND DAS VOLK BESSERT SICH VON SELBST; ICH LIEBE RUHE, [ich bin friedliebend,] UND DAS VOLK WIRD VON SELBST REDLICH; ICH BIN OHNE [eine solche] GESCHÄFTIGKEIT, [welche die freie Entwicklung des Wohlstands verhindert; auch ohne solche, die die Kräfte und den Besitz des Volkes aufzehrt,] UND DAS VOLK WIRD VON SELBST REICH; ICH BIN OHNE [LUXUS-]BEGIERDEN, UND DAS VOLK WIRD VON SELBST EINFACH.[1]

---

[1] Geldsetzer/Hong, Chin. Phil., S. 83, sehen hierin eine Stellungnahme gegen die „Verseinung" – der Heilige sage, er lasse das Nichts handeln, liebe die Stille (in der man nichts höre), lasse das Nichts wirken und es begehren, sodass das Volk von selbst sich verändert, berichtigt, reich und schlicht wird.

„Reden des Buddha" (Aus dem Pâli-Kanon übersetzt von Ilse-Lore Gunsser, Mit einer Einleitung von Helmuth von Glasenapp, Reclam Nr. 19302, Stuttgart 2015) geben die Begierde, das Verlangen als Wurzel, als Grundlage von Leid (des Leidens) aus (S. 43).

58. Kapitel.

Wes Regierung recht trübselig [,] [d. h. nur unwillig eingreift], dessen Volk kommt recht empor; wes Regierung [indes] recht durchspähend [,] [allseits bestimmend ist], dessen Volk verfällt erst recht.[1] Unglück – das Glück beruht auf ihm [,] [d. h. wer es weise handhabt, kann dadurch sein ethisches Glück gründen]; Glück – das Unglück liegt unter ihm [,] [weil es zu Selbstsucht, Übermut udgl. verleiten kann]! Wer kennt den Ausgang?[2]

Ist Jener [,] [d. i. der/die Regierungschef/in,] nicht redlich, [d. h. auf Gerechtigkeit und Billigkeit bedacht,] so werden die Redlichen zu Schelmen, [zu Arglistigen,] die Guten werden zu Heuchlern [,] [zu Schmeichlern]. Des Volkes Verblendung – ihr Tag [,] [d. h. sittliche Verfinsterung, die sich als Unredlichkeit darstellt, schwindet zwar allmählich, doch] währt [sie] lange![3]

---

[1] St. Julien: „Lorsque l'administration (paraît) dépourvue de lumières, le peuple devient riche. Lorsque l'administration est clairvoyante, le peuple manque de tout."

Bei G. Debon ist zum Verhältnis von Herrschaft und Volk zu lesen: „bang-befangen" – „harmlos prangen" bzw. „strebig-straff" – „arg und schlaff" (S. 87); bei R. Wilhelm: „zurückhaltend und zögernd" – „ehrlich und einfach" bzw. „alles untersuchen und aufspühren" – „Mängel und Fehler" (S. 69). Nach Knospe/Brändli wird im zweiten Teil des Satzes gesagt, dass Menschen hinterlistig werden, wenn der Staat mit Härte regiert wird (S. 58).

[2] St. Julien: „Le bonheur naît du malheur, le malheur est caché au sein du bonheur. Qui peut en prévoir la fin?" P. Carus: „Misery, alas! rests upon happiness. Happiness, alas! underlies misery. But who foresees the catastrophe? It will not be prevented!"

[3] Die Verblendung nehme, so Kopp (S. 86) „von Tag zu Tag" zu, doch Knospe/Brändli übersetzen, die Menschen seien „schon seit langer Zeit verwirrt" (S. 58). P. Carus las: „This bewilders people, which happens constantly since times immemorial."

Daher ist der heilige Mensch gerecht und nicht verletzend, maßvoll und nicht beleidigend, ehrlich und nicht willkürlich, leuchtend und nicht blendend.[1]

---

[1] Nach R. Simon vereint der vollkommene Mensch, trennt nicht ab; ist gewissenhaft, nicht nachlässig; wahrhaftig, nicht rücksichtslos; licht, aber nicht strahlend (S. 181). Aufgrund der *Unsicherheit der Werte* sei das Volk verwirrt, woraus der Herrscher Schlüsse zu ziehen habe: keine Gruppe dürfe „ausgegrenzt" werden (S. 182).

„Gewaltlosigkeit", sagt der Dalai Lama, Die vier edlen Wahrheiten, Aus dem Englischen von Marion B. Kroh, Fischer, 4. Auflage, Frankfurt am Main 2020, S. 138, „bedeutet Dialog", und Dialog sei Kompromissbereitschaft im Geiste der Versöhnung. Vgl. auch Hans Kelsen, Was ist Gerechtigkeit (1953), Reclam, Stuttgart 2010, mit einem Nachwort von Robert Walter. Der politische, wie jeder andere, „Diskurs" setzt voraus, dass die eigene *Meinung* von der eigenen *Identität* unterschieden wird; dies bemerkt Byung-Chul Han, Infokratie, MSB Matthes & Seitz, Berlin 2021, S. 43, und ergänzt, dass jene Menschen, die dieser „diskursiven Fähigkeit" ermangeln, krampfhaft an ihrer Meinung festhalten, weil sie ihre Identität bedroht sehen, sie *hören* also *nicht zu*.

59. Kapitel.

REGIERT MAN DIE MENSCHEN UND DIENT DEM HIMMEL, SO GLEICHT NICHTS DER SPARSAMKEIT [im Staatshaushalt]. NUR DAS SPAREN, DAS HEIßT ZEITIG VORSORGEN [für künftigen Bedarf der Bevölkerung]. ZEITIG VORSORGEN HEIßT WOHLTATEN REICHLICH ANHÄUFEN.[1] SODANN IST BEI REICHLICH ANGEHÄUFTEN WOHLTATEN NICHTS UNÜBERWINDLICH.[2] WEM NICHTS UNÜBERWINDLICH IST, DESSEN ÄUßERSTES [,] [d. i. die Grenze seines Einflusses] IST UNBEKANNT. KENNT KEINER SEIN ÄUßERSTES, SO KANN ER DAS LAND *HABEN* [,] [d. h. durchgreifen]. HAT ER DES LANDES MUTTER, [d. h. Zugriff auf die natürlichen Ressourcen,] SO KANN ER LANGE DAUERN.[3] DAS HEIßT TIEFE GRÜNDUNG, FESTE WURZEL [in der Wohlfahrt]; LANGEN LEBENS, DAUERNDEN BESTEHENS WEG.

---

[1] P. Carus: „In governing the people and in attending to heaven there is nothing like moderation. As to moderation, it is said that it must be an early habit; if it is an early habit, it will be richly accumulated virtue."

St. Julien: „Pour gouverner les hommes et servir le ciel, rien n'est comparable à la modération."

G. Debon übersetzte: „Geizen" statt „Sparsamkeit" (S. 88), Wilhelm sagte: „Beschränkung" (S. 70), Z. W. Kopp (S. 87) und Knospe/Brändli (S. 59) lesen: „Genügsamkeit".

[2] R. Simon bemerkt, man könne die Lebensenergie offenbar nicht nur einsparen, sondern solche auch anreichern, was übergroße Leistungen ermögliche (S. 185).

[3] Carus hat nach dem Ausdruck „mother of the country" hinzugefügt: „[viz., moderation]". Wilhelm sprach von „erzeugenden Kräften" des Reiches (S. 70), Knospe/Brändli sagen: „mütterliches Prinzip" (S. 59).

60. Kapitel.

MAN REGIERE EIN GROßES LAND [SO], WIE MAN KLEINE FISCHE KOCHT [,]
[d. h. wie man alles dafür Erforderliche vorbereitet, hierauf die
kleinen Fische ohne weiteres Zutun ins siedende Wasser setzt
und ohne weitere Eingriffe ruhig die Natur wirken lässt, so soll
die Regierung zuvörderst für alles sorgen, was Sittlichkeit und
Wohlstand des Volkes erfordern, und es diesen Einwirkungen,
ohne es durch Gewalt und Zwang zu verletzen, dann geduldig
überlassen].[1]

WALTET MAN MIT TAÒ DES REICHS, SO GEISTERN SEINE MANEN NICHT
[,] [d. h. die Geister der Verstorbenen verfahren nicht wie die
Naturgeister].[2] WENN NICHT SEINE MANEN NICHT GEISTERN, [sie also
doch geistern,] SO VERLETZT IHR GEISTERN DIE MENSCHEN NICHT.[3]

---

[1] St. Julien: „Pour gouverner un grand royaume, (on doit) imiter (celui
qui) fait cuire un petit poisson." Zu diesem Zweck sei ein „großer Topf"
zu beschaffen, denn wenn man sie zu schnell wende, zerfallen sie, hält
R. Simon in einer Anm. zu Zeile 1 dieses Kap. fest (S. 189 f.). Wilhelm
sagte „brät" (braten) statt „kocht" (kochen) (S. 71). P. Carus: „as you
would fry small fish: [neither gut nor scale them]."
[2] St. Julien: „Lorsque le prince dirige l'empire par le Tao, les démons
ne montrent point leur puissance."
[3] Carus: „Not only will its ghosts not spook, but its gods will not harm
the people." R. Wilhelm merkte an, man könne auch lesen: so äußern
sich die Manen nicht als Dämonen, d. h. Naturgeister bleiben ruhig; es
gibt keine Naturkatastrophen (S. 125).
Heraklit (B 119, S. 37) hat gesagt: „Die eigene Art ist des Menschen
Dämon." Im Koran (25,43) steht geschrieben: „Hast du den gesehen,
der seine Gelüste zum Gott nimmt?"

WENN NICHT IHR GEISTERN DIE MENSCHEN NICHT VERLETZT, [sie den Menschen also doch Leid zufügen,] SO VERLETZT DOCH DER HEILIGE MENSCH DIE MENSCHEN NICHT [,] [weshalb sie es auch nicht tun; seine Gesinnung ruft auch bei ihnen Wohlwollen hervor, denn es ist auch bei Geistern nicht davon auszugehen, dass sie nur gut oder nur böse sind].[1] SIE BEIDE VERLETZEN MITEINANDER NICHT, DENN DIE TUGEND VERBINDET UND EINT SIE.

---

[1] Vgl. Koran 72 (1ff.): „Sprich: Geoffenbart wurde mir, dass eine Schar der Dschinn lauschte und sagte: [...] Wir wissen nicht, ob die auf Erden Unheil erwartet [...] Und unter uns sind manche rechtschaffen, andere sind es nicht; wir gehen verschiedene Wege."

Yamamoto Tsunetomo, Hagakure, Aus dem Japanischen übers. von Hannelore Eisenhofer, Nikol Verlag, Hamburg 2011, S. 141: „Es ist Unsinn zu sagen, Ungewöhnliches sei wundersam oder ein Vorbote von irgendwelchen Ereignissen", denn, dass „Naturphänomene ganz sicher Unheil [...] ankündigen, [...] kommt daher, dass die Menschen selbst in ihrem Denken auf etwas Schlechtes warten und dieses [...] aufgrund ihres Denkens dann auch eintritt."

61. Kapitel.

Ein großes Land, das sich herunterlässt, [d. h. niedriger fließt, sodass ihm das Reichsganze zufließt,] ist des Reiches Band, des Reiches Weibliches.[1] Das Weibliche überwindet immerdar mit Ruhe das Männliche; mit Ruhe [,] [d. h. nicht mit physischer, sondern mit ethischer Kraft] ist es untertan.[2] Darum ein großes Land, ist es untertan dem kleinen Lande, dann gewinnt es das kleine Land; [und] ein kleines Land, ist es untertan dem großen Lande, dann gewinnt es das große Land.[3] [Die Rede ist von einer moralischen Eroberung, ohne Überheblichkeit und Anmaßung; hochachtungs- und rücksichtsvoll behilflich auf beiden Seiten, aus ehrlichem Herzen.]

---

[1] Es solle, so übersetzte G. Debon, „wie Stromes Tiefebene", „Erdreichs Sammelbecken" bzw. „Weiblichkeit" sein (S. 90). Knospe und Brändli sagen: „wie eine Mutter für die Welt" (S. 61).

[2] St. Julien: „Un grand royaume (doit s'abaisser comme) les fleuves et les mers, où se réunissent (toutes les eaux de) l'empire. Dans le monde, tel est le rôle de la femelle. En restant en repos, elle triomphe constamment du mâle. Ce repos est une sorte d'abaissement." Es wird hier keine Eigenschaft als *weibliche* ausgewiesen und einer *männlichen* entgegengesetzt, sondern gesagt, dass *dann, wenn* diese Eigenschaft als eine weibliche *gilt*, das Weibliche das Männliche überwinde; in Kap. 28 war davon die Rede, der Mensch möge das *sog.* Weibliche und das *sog.* Männliche in sich vereinen.

[3] R. Simon vernimmt die unausgesprochene Hoffnung, dass die Aufgenommenen ihre Identität nicht verlieren müssen und es sich dabei um einen friedlichen Vereinigungsvorgang handeln könne (S. 190).

DARUM SIND ETLICHE UNTERTAN, [d. i. dienstfreundlich,] UM ZU GEWINNEN, ETLICHE [sind] UNTERTAN, UM GEWONNEN ZU WERDEN.[1] EIN GROßES LAND ÜBERSCHREITE NICHT DEN WUNSCH, DIE MENSCHEN ZU VERBINDEN UND ZU WEIDEN; EIN KLEINES LAND ÜBERSCHREITE NICHT DEN WUNSCH, EINZUTRETEN UND DEN MENSCHEN ZU DIENEN.[2] ERREICHEN SIE BEIDE, JEDES WAS ES WÜNSCHT, SO SOLL DAS GROßE [Land weiterhin] UNTERTAN SEIN.[3]

---

[1] P. Carus: „Therefore some render themselves lowly for the purpose of conquering; others are lowly and therefore conquer."

[2] P. Carus: „A great state desires no more than to unite and feed the people; a small state desires no more than to devote itself to the service of the people; but that both may obtain their wishes, the greater one must stoop."

St. Julien: „Ce que désire uniquement un grand royaume, c'est de réunir et de gouverner les autres hommes. Ce que désire uniquement un petit royaume, c'est d'être admis à servir les autres hommes. Alors tous deux obtiennent ce qu'ils désiraient. Mais les grands doivent s'abaisser!"

R. Wilhelm merkte an, das große Reich könne durch Zurückhaltung das kleine zum politischen Anschluss bewegen, und das kleine Reich gewinne durch Vereinigung mit dem großen an politischen Einfluss und sichere sich Schutz gegen feindliche Übergriffe (S. 125 f.).

[3] Gebietserweiterungen und Wohlstand können – so Geldsetzer/Hong, Chin. Phil., S. 115 – demnach auch ohne Krieg, auf *friedlichem* Wege gewonnen werden.

Gandhi hielt fest, dass eine „Weltföderation" so wie der „Weltfriede" nur auf dem Fundament der Gewaltfreiheit errichtet werden könne (S. 31 f., Auszüge aus den ‚Quit India'-Reden in Bombay, 8. August 1942).

62. Kapitel.

»TAÒ IST ALLER WESEN BERGUNGSPLATZ,

GUTER MENSCHEN HÖCHSTER SCHATZ,

UNGUTER MENSCHEN RETTENDER ERSATZ [,] [der sie wieder zu Sich zurückzuführen sucht].«[1]

ANMUTENDE WORTE KÖNNEN ERKAUFEN; EHRENHAFTER WANDEL KANN NOCH MEHR TUN [,] [er kann bewirken, dass die durch gute Worte Gewonnenen auch weiter fortschreiten].[2] SIND MENSCHEN NICHT GUT [und ist es Taò's Wille, sie zu bessern], WIE DÜRFTE MAN SIE AUFGEBEN?[3]

---

[1] P. Carus: „It is Reason that is the ten thousand things' asylum, the good man's wealth, the bad man's stay."

[2] St. Julien: „Les paroles excellentes peuvent faire notre richesse, les actions honorables peuvent nous élever au-dessus des autres."

Aus dem NT, Jakobusbrief: „Zeige mir doch den Glauben, der ohne Werke wäre! Ich will dir den Glauben aus meinen Werken zeigen. Du glaubst an den einen Gott? Schon recht – aber auch die bösen Geister glauben und zittern." (2,18f.); „wie klein ist das Feuer – wie groß der Wald, den es in Brand setzt! So ist auch die Zunge ein Feuer, eine Welt voll Ungerechtigkeit." (3,5f.); „Aus ein und demselben Munde geht Segen und Fluch hervor. Das müsste nicht so sein" (3,10); „Wenn ein Bruder oder eine Schwester ohne Kleidung sind und der täglichen Nahrung ermangeln, und es würde jemand von euch zu ihm sagen: ‚Geht in Frieden, wärmt euch und esset euch satt!' – doch ihr würdet ihnen nicht geben, was sie fürs Leibliche nötig haben: was für einen Wert hätte das? So ist es auch mit dem Glauben: ist er ohne Werke, so ist er in sich selber tot" (2,16); „Wer Gutes tun könnte und es nicht tut, versündigt sich." (4,17); „Die Weisheit von oben ist vor allem rein, dann friedliebend, nachgiebig, mild, voll Barmherzigkeit und guter Frucht, unparteiisch und ohne Heuchelei. Ihre Frucht, die Gerechtigkeit, wird im Frieden gesät von solchen, die sich für den Frieden einsetzen." (3,17f.).

[3] R. Simon schreibt, Dao sei der höchste aller Werte, die Verkörperung der Humanität; es schließe niemanden aus, kein Wesen sei unwürdig, alle seien gleich (S. 192).

Darum [,] [um also die Nichtguten durch Wort und Wandel zu bessern,] setzte man einen [sog. Himmels-Sohn, den] Kaiser und bestellte drei höchste Räte.[1] Mag er auch haben, die da Nephrit-Tafeln emporhalten, [d. h. sich mit Beamten beraten,] und vor sich nehmen ein Viergespann Rosse [,] [hinausfahren,] – so ist es doch besser, stillsitzend weiterzukommen in diesem Taò [,] [d. h. gut zuzureden, als erweckendes Beispiel zu dienen].[2]

Warum verehrten die Alten diesen Taò [,] [d. h. warum war Taò hochgeehrt]? Nicht [etwa], weil er durch tägliches Suchen gefunden wird und denen, die Schuld haben, vergibt [,] [d. h. sie erlässt]? Darum ist er das Köstlichste in aller Welt.

---

[1] Knospe/Brändli lesen hingegen, man solle keine Geschenke schicken, wenn der Kaiser gekrönt bzw. die Minister ihre Ämter erhalten, auch kein Vier-Pferde-Gespann – man solle sich ruhig verhalten und nur auf den Weg hinweisen (S. 62). St. Julien las: „C'est pour cela qu'on avait établi un empereur et institué trois ministres."

[2] P. Carus: „but better than holding before one's face the jade table [of the ministry] and riding with four horses, is sitting still and pro-pounding the eternal Reason."

63. Kapitel.

D<small>AS</small> T<small>UN SEI</small> N<small>ICHTTUN</small> [aus selbstischen Gründen], D<small>AS</small> G<small>ESCHÄFT</small> [,] [das getan werden muss,] [sei] N<small>ICHTGESCHÄFT</small> [aus Pflicht], [d. h. nicht widerwillig, sondern freiwillig,] D<small>ER</small> G<small>ENUSS</small> [sei kein Selbstzweck, sondern] N<small>ICHTGENUSS</small>, [d. h. die Befriedigung von Bedürfnissen,] D<small>AS</small> G<small>ROSSE</small> [sei im Kleinen, als] K<small>LEINES</small> [gewollt], D<small>AS</small> V<small>IELE</small> [als] W<small>ENIGES</small>.[1] V<small>ERGILT</small> F<small>EINDSCHAFT MIT</small> W<small>OHLTUN</small>![2]

U<small>NTERNIMM DAS</small> S<small>CHWERE</small> [,] [welches sittlich erforderlich ist,] <small>IN SEINEM</small> L<small>EICHTSEIN</small>, <small>TUE DAS</small> G<small>ROSSE IN SEINEM</small> K<small>LEINSEIN</small>; <small>DIE</small> <small>SCHWERSTEN</small> [,] [die schwierigsten] D<small>INGE DER</small> W<small>ELT BEGINNEN JA</small> [erfahrungsgemäß] <small>MIT</small> L<small>EICHTSEIN</small>, <small>DIE GRÖSSTEN</small> D<small>INGE DER</small> W<small>ELT</small> <small>BEGINNEN JA MIT</small> K<small>LEINSEIN</small>.[3]

---

[1] Bei St. Julien ist zu lesen: „(Le sage) pratique le non-agir, il s'occupe de la non-occupation, et savoure ce qui est sans saveur. Les choses grandes ou petites, nombreuses ou rares, (sont égales à ses yeux). Il venge ses injures par des bienfaits." P. Carus übersetzte: „Assert non-assertion. Practise non-practice. Taste non-taste. Make great the small. Make much the little. Requite hatred with goodness." Knospe/Brändli lesen den Aufruf, größer zu machen, was klein sei, das Wenige zu vermehren (S. 63). R. Wilhelm sagte, wer das Nichthandeln übe, sehe „das Große im Kleinen und das Viele im Wenigen." (S. 74). Unrecht sei mit *Güte* zu vergelten, schreibt Z. W. Kopp (S. 91).

[2] R. Simon hebt den Verzicht auf Vergeltung als bemerkenswert hervor, Hass sei mit einem in *Dao* wurzelnden Verhalten zu beantworten, denn *De* sei die Konkretion von Dao (S. 196); er übersetzt die Stelle mit den Worten: „man vergelte Hass mit *De*." (S. 195). Von Liebe zum Hasser sei nicht die Rede, „christliche Emphase" fehle dem frühen Daoismus; es sei auch nicht gesagt, dass der Hasser nicht für sein Verhalten zur Rechenschaft gezogen wird, er bleibe aber im Raum des Humanen, ein „Außerhalb (der menschlichen Gemeinschaft, der Humanität)" gebe es nicht (S. 196 f.).

[3] Carus: „Contemplate a difficulty when it is easy. Manage a great thing when it is small."

DAHER TUT DER HEILIGE MENSCH NIEMALS DAS GROßE, WESHALB ER SEIN GROßES [,] [d. i. jenes, welches im Stillen und Kleinen und allmählich geschieht und zur Größe heranwächst,] ZU VOLLENDEN VERMAG.[1] WER LEICHTHIN VERSPRICHT, HÄLT SICHERLICH SELTEN. WEM VIELES LEICHT IST, [d. h. wer das Schwere zu leicht nimmt, dem] WIRD SICHERLICH VIELES [ZU] SCHWER. DAHER BEHANDELT DER HEILIGE MENSCH ES WIE SCHWER, [während es noch leicht ist,] WESWEGEN IHM ZEITLEBENS NICHTS ZU SCHWER WIRD.[2]

---

[1] St. Julien: „De là vient que, jusqu'à la fin, le Saint ne cherche point à faire de grandes choses ; c'est pourquoi il peut accomplir de grandes choses."
[2] Carus: „Therefore, the holy man regards everything as difficult, and thus to the end encounters no difficulties."

64. Kapitel.

Das Ruhende wird [generell] leicht gehalten, dem noch nicht sich Zeigenden leicht zuvorgekommen, das Zarte leicht gebrochen, das Feine leicht zerteilt.[1] Tue das [Gesagte], wenn es [,] [d. i. das, was nicht sein soll,] noch nicht da ist, walte dessen, wenn es noch nicht in Aufruhr ist.[2] Ein umfangreicher Baum entsteht aus haarfeinem Spross; ein neunstöckiger Turm erhebt sich aus einem Häuflein Erde; eine Reise von tausend Feldweg [Stadien] beginnt mit einem Schritt.

Wer [selbstisch] tut [oder indoktriniert], dem missrät; wer nimmt, [sich zueignet,] der verliert.[3] Der heilige Mensch tut also nicht, darum missrät es ihm nicht; er nicht nimmt, darum verliert er [auch] nicht. Das Volk, das ein Geschäft vornimmt, ist immer nahe am Vollenden, und es missrät ihm. Sorgt man fürs Ende wie für den Anfang, [d. h. macht man nicht die Mittel zum Zweck zum Selbstzweck,] dann missrät kein Geschäft.

---

[1] Vgl. aus dem NT (Mt 13,31f.): „Mit dem Himmelreich ist es wie mit einem Senfkorn, das jemand nahm und auf den Acker säte", und (Lk 13,20 f.): „Es gleicht einem Sauerteig, den eine Frau nahm und in drei Maß Weizenmehl wirkte, bis es ganz durchsäuert war."

[2] St. Julien: „Arrêtez le mal avant qu'il n'existe; calmez le désordre avant qu'il n'éclate." Carus: „Treat things before they exist. Regulate things before disorder begins." Hieraus ergibt sich vielleicht, dass das „Ordnen" (Kopp, S. 92; Wilhelm, S. 75), „Regieren" (Debon, S. 64), „Regulieren" (Carus, S. 129) dem „Tun ohne Zutun" (Wu Wie) insoweit nicht abträglich ist, als es *sanfte*, frühzeitige Maßnahmen sind, die dem Wohl förderlich sind und allmählich ihre Wirkung gleichwie „von selbst" (Zi Ran) entfalten; im Gegensatz zu *groben,* verspäteten Maßnahmen, die wie aufgezwungen wirken.

[3] Knospe/Brändli schreiben, wer „zu viel" tue, verderbe es; wer sich an etwas „klammere", verliere es (S. 64).

M. Gandhi lehrte, „Zivilisation" nötige keine Ausweitung ab, sondern erfordere die bewusste, freiwillige Reduzierung unserer Bedürfnisse (S. 64, Aus dem Yeravda-Mandir, 6. März 1932, Auszüge aus dem 6. Kap.).

DAHER BEGEHRT DER HEILIGE MENSCH, NICHT ZU BEGEHREN, UND SCHÄTZT DIE GÜTER SCHWEREN ERWERBS NICHT HOCH; LERNT, NICHT ZU LERNEN, [nur um die Sitten zu kennen, sondern, um Sittlichkeit zu leben,] UND KEHRT UM, WO DIE MEISTEN MENSCHEN ÜBERTRETEN; ALLES WESEN VERHILFT ZU IHRER FREIHEIT [oder Selbstständigkeit], UND DOCH WAGT ER NICHT [selbstwillig] ZU TUN [sog. große Taten].[1]

---

[1] Bei P. Carus ist zu lesen: „He assists the ten thousand things in their natural development, but he does not venture to interfere." St. Julien: „Il n'ose pas agir afin d'aider tous les êtres à suivre leur nature." Kopp (S. 93) und Wilhelm (S. 75) sprechen davon, den „natürlichen Lauf" zu „fördern"; G. Debon sagt: ihr „natürliches Weben" zu „stützen" (S. 93), Knospe/Brändli: „ihre eigene Natur zu finden" (S. 64).

65. Kapitel.

DIE VOR ALTERS GUT [darin] WAREN, TAÒ AUSZUÜBEN, KLÄRTEN DAMIT DAS VOLK NICHT AUF; SIE WOLLTEN ES DADURCH EINFACH ERHALTEN.[1] DAS VOLK IST SCHWER ZU REGIEREN, WENN ES ALLZU KLUG [im Sinne von: schlau] IST.[2] DURCH DIE [nicht um Sittlichkeit besorgte] KLUGHEIT DAS LAND REGIEREN, IST DES LANDES VERDERBEN; [indes] NICHT DURCH DIE KLUGHEIT [,] [sondern mit Taò und durch Tugend] DAS LAND REGIEREN, IST DES LANDES SEGEN.

---

[1] St. Julien: „Dans l'antiquité, ceux qui excellaient à pratiquer le Tao ne l'employaient point à éclairer le peuple; ils l'employaient à le rendre simple et ignorant. Le peuple est difficile à gouverner parce qu'il a trop de prudence; Celui qui se sert de la prudence pour gouverner le royaume, est le fléau du royaume."

Debon übersetzte: um das Volk „töricht" zu halten (S. 65), Wilhelm sagte: sie „hielten es in der Einfalt" (S. 76), Knospe/Brändli schreiben: „in Unwissenheit" (S. 65), Kopp: „in Einfachheit" (S. 65).

[2] Für R. Simon ist kalte Herrschaftstechnik das Thema dieses Kapitels; die Zynismen seien aus heutiger Sicht kaum zu überbieten, sie stünden für einen Strang, der es ermöglicht habe, dass die sog. Legalisten diese Denkhaltung übernehmen konnten (S. 202). Simon bemerkt allerdings, dass der Text nicht so gedeutet werden muss, dass die Bevölkerung der Bildung beraubt werde, sondern so gelesen werden kann, dass die „konfuzianische" Betonung von Kenntnis, Weisheit ihre Schattenseiten habe (S. 204).

Vielleicht ist gesagt, dass Sittlichkeit gerade keine „Indoktrination" verträgt; Sitten müssen daraufhin *befragbar bleiben*, inwiefern sie als sittlich *gelten* können. Vgl. Peter Zeillinger, »Kriterien« für Recht und Gerechtigkeit, Europa und die politischen Konsequenzen des Denkens von Jacques Derrida, Ethica 2003, S. 61-69 (67).

WER DIES BEIDES WEIß, [d. h. begreift und so verfährt,] IST *AUCH* EIN MUSTERBILD.[1] IMMERDAR SICH BEWUSST SEIN DES MUSTERBILDES, [d. h. auf die Erfüllung dieser Aufgabe bedacht sein,] DAS HEIßT TIEFE TUGEND. TIEFE TUGEND IST ABGRÜNDIG, IST UNERREICHBAR, IST MIT DEN WESEN IM WIDERSPRUCH [,] [d. h. sie widerstrebt ihnen]; DANN ABER [erweist sie sich als wirksam,] KOMMT SIE ZU GROßER [Zustimmung,] NACHFOLGE [,] [und *dies* kann dem allgemeinen Frieden förderlich sein].

---

[1] P. Carus: „He who knows these two things is also a model [like the ancients]."

66. Kapitel.

STRÖME UND MEERE – WODURCH SIE DER HUNDERT FLÜSSE KÖNIGE ZU SEIN VERMÖGEN, IST [dadurch], DASS SIE SICH [nicht erheben über diese, sondern] IHNEN GUT UNTERGEBEN.[1] DARUM VERMÖGEN SIE DER HUNDERT FLÜSSE KÖNIGE ZU SEIN.[2]

DAHER MUSS DER HEILIGE MENSCH, SO ER ÜBER DEM VOLKE ZU SEIN WÜNSCHT, SICH IHM MIT DEM WORTE UNTERGEBEN [,] [d. h. bezeugen, dass er sich nicht über das Volk erhebe]; WÜNSCHT ER DEM VOLKE VORANZUGEHEN, SO MUSS ER SICH IHM MIT DER PERSON NACHSETZEN [,] [d. h. die Sorge für das Wohl des Volkes muss ihm über seine persönlichen Anliegen gehen].

---

[1] R. Simon bemerkt, dass die größeren Ströme das Wasser der Neben-flüsse in sich aufnehmen und hinab ins Meer leiten, womit sie sich den kleineren Flüssen „zur Verfügung stellen", sich unterordnen (S. 207).
[2] Z.W. Kopp spricht von „aberhundert" Flüssen (S. 95), Knospe/Brändli sprechen von „vielen hundert Tälern" (S. 66), und G. Debon übersetzt: „Flusstäler" (S. 95).

DAHER BLEIBT DER HEILIGE MENSCH [zwar] OBEN UND DAS VOLK IST [doch] UNBESCHWERT, [d. h. es wird nicht unterdrückt; er] BLEIBT VORAN UND DAS VOLK IST UNBESCHÄDIGT [,] [es wird nicht verletzt].[1]

DAHER FREUT SICH ALLE WELT [oder das ganze Reich], IHM ZU GEHORCHEN [,] [d. h. auf ihn zu hören,] UND ES WIRD NICHT MÜDE [,] [dies zu tun].

WEIL ER NICHT STREITET, [nichts streitig macht,] DARUM VERMAG KEINER IN DER WELT MIT IHM ZU STREITEN.[2]

---

[1] R. Simon schreibt, der „demütige" Herrscher übe also den Willen der Bevölkerung aus, „ohne dass seine Macht spürbar wäre" (S. 206). Es gibt keine „Unterdrückung" (vgl. Knospe/Brändli, S. 66). Vielleicht wird hier eine Politik angeregt, die darauf bedacht ist, weder belastend noch schädigend, sondern förderlich, hilfreich zu sein (vgl. G. Debon, S. 95).

[2] St. Julien: „Aussi lorsque le Saint désire d'être au-dessus du peuple, il faut que, par ses paroles, il se mette au-dessous de lui. [...] Comme il ne dispute pas (le premier rang), il n'y a personne dans l'empire qui puisse le lui disputer."

Vielleicht geht es darum, das, was *streitig* ist, weil es *be*stritten oder *ab*gestritten wird, stets darauf zurückzuführen, was *außer Streit* steht.

67. Kapitel.

ALLE IN DER WELT NENNEN MICH GROẞ ALS EINEN [Sonderling, einen] AUS DER ART GESCHLAGENEN [,][1] [der nicht der Tradition verhaftet bleibt].[2] MAN SEI NUR GROẞ, SO ERSCHEINT MAN ALS EIN AUS DER ART GESCHLAGENER. BETREFFS DER IN HERKÖMMLICHER ART GEBLIEBENEN – [schon] LANGE SIND SIE DA [und wissen] IN IHRER KLEINHEIT [nur die gewöhnliche Straße zu gehen].

MEINERSEITS HABE ICH DREI SCHÄTZE, BEWAHRE UND SCHÄTZE SIE HOCH. DER ERSTE HEIẞT *BARMHERZIGKEIT* [,] [Mitleid, Liebe, Güte], DER ZWEITE HEIẞT *SPARSAMKEIT*, DER DRITTE [ist wie ein Mangel an Ehrgeiz und] heißt [trotz Gelegenheit zur Ergreifung der Macht] NICHT WAGEN IM REICH VORNAN ZU SEIN.[3]

---

[1] V. v. Strauss schrieb: „als Unnachschlachtenden", die obige Wortwahl ist seiner Anm. 1 auf S. 298-300 entnommen. Der Nachschlachtende stelle „einen Andern im Kleinen" dar; ein Ausdruck, der für Ähnlichkeit der Kinder mit den Eltern gebraucht werde. Vgl. Heraklit, Fragmente (Artemis & Winkler, 14. Aufl., Zürich/München 2007), S. 25: „Nicht soll man als Kind seiner Eltern handeln (d.h. so wie es Herkommen ist)."

[2] St. Julien: „Dans le monde tous me disent éminent, mais je ressemble à un homme borné." P. Carus: „All in the world call me great; but I resemble the unlikely." Nach Knospe/Brändli sagen sie, „mein Weg" sei großartig (S. 67). Er sei, so sagt R. Wilhelm (S. 78), „zwar" großartig, scheine aber für die Wirklichkeit „nicht geschickt"; Kopp sagt (S. 96), er sei „aus der Art geschlagen", und Debon übersetzte: er gleiche nicht dem „Herkömmlichen" (S. 96).

[3] R. Simon sagt „Liebe" statt „Barmherzigkeit", „Genügsamkeit" anstatt „Sparsamkeit", zuletzt von „Bescheidenheit", doch sei die *Liebe* als die wichtigste Konkretion von Dao anzusehen (S. 209 f.) Knospe/Brändli sagen: „Mitgefühl" statt „Barmherzigkeit" oder „Liebe" (S. 67) und R. Wilhelm fasst den dritten Schatz im Wort „Demut" zusammen (S. 78). Bei St. Julien ist zu lesen: „l'affection", „l'économie" und „l'humilité".

BARMHERZIGKEIT – DARUM KANN ICH [tapfer, mutig,] KÜHN SEIN; SPARSAMKEIT [beim Unnützen] – DARUM KANN ICH [für das Nötige] AUSGEBEN; NICHT WAGEN IM REICH VORNAN ZU SEIN – DARUM KANN ICH DER BRAUCHBAREN OBERSTER WERDEN.[1]

GEGENWÄRTIG VERSCHMÄHT MAN BARMHERZIGKEIT, UND DOCH IST MAN KÜHN, VERSCHMÄHT SPARSAMKEIT UND DOCH GIBT MAN AUS, VERSCHMÄHT ZURÜCKSTEHEN UND DOCH IST MAN VORNAN.

ZUM [schlimmen] TODE [führen Unbarmherzigkeit, sinnlose Verschwendung und hoffärtiger Ehrgeiz]!

IST MAN [gegen den Feind] BARMHERZIG BEIM KÄMPFEN, DANN SIEGT MAN; BEIM VERTEIDIGEN, DANN WIDERSTEHT MAN. WEN DER HIMMEL [,] [gemeint ist Gott,] RETTEN WILL, DEN SCHÜTZT ER DURCH [Eingebung von] BARMHERZIGKEIT.[2]

---

[1] P. Carus: „The compassionate can be brave; the economical can be generous; those who dare not come to the front in the world can become perfect as chief vessels." Leiter zu sein „den Geräten" meint nach Debon die „niedere Beamtenschaft" (S. 96, 134), Knospe/Brändli schreiben: „andere leiten" (S. 67).

[2] Julien: „Si l'on combat avec un cœur rempli d'affection, on remporte la victoire; si l'on défend (une ville), elle est inexpugnable. Quand le ciel veut sauver un homme, il lui donne l'affection pour le protéger."

68. Kapitel.

WER TÜCHTIG IST, [d. h. sittlich gut darin ist,] ANFÜHRER ZU SEIN, IST NICHT KRIEGERISCH; WER TÜCHTIG IST, ZU KÄMPFEN, WIRD NICHT ZORNIG; WER TÜCHTIG IST, GEGNER ZU ÜBERWINDEN, STREITET NICHT; WER TÜCHTIG IST, MIT DEN LEUTEN ZU VERFAHREN, IST IHNEN UNTERTAN.[1] DAS HEIßT DIE TUGEND DES NICHTSTREITENS [oder Friedfertigkeit]; DAS HEIßT DIE KRAFT, LEUTE ZU LEITEN [,] [mit ihnen zu verfahren]; DAS HEIßT, DEM HIMMEL [,] [der himmlischen Verfahrensweise] GEPAART SEIN – [dies war] DES ALTERTUMS HÖCHSTES [,] [sein Ideal; dies ist das sittliche Prinzip].[2]

---

[1] Nach R. Simon nimmt der frühe Daoismus keine radikal-pazifistische Haltung ein, aber die Waffe könne nur als Instrument der Verteidigung, und unter der Prämisse kühler Rationalität, eingesetzt werden (S. 212).

Andere übersetzen: „Ritter", „Hauptmann", „Feldherr" oder „guter Soldat" statt „Anführer", ein tüchtiger Sieger „unterdrücke nicht", er „räche sich nicht" oder sei „nicht handgemein", der gute „Arbeitgeber" bleibe „bescheiden" oder halte sich unten, stelle sich ihnen unter (vgl. Kopp, S. 97; Wilhelm, S. 79; Debon, S. 97; und Knospe/Brändli, S. 68).

St. Julien: „Celui qui excelle à commander une armée, n'a pas une ardeur belliqueuse. Celui qui excelle à combattre ne se laisse pas aller à la colère. Celui qui excelle à vaincre ne lutte pas. Celui qui excelle à employer les hommes se met au-dessous d'eux."

[2] P. Carus: „This is called utilising man's ability. This is called complying with heaven – since olden times the highest."

69. Kapitel.

EIN KRIEGSERFAHRENER HAT GESAGT:[1] [Man nötigt niemanden zur Schlacht. Wird man selbst genötigt, so ist man notfalls bereit, sich zur Wehr zu setzen, überstürzt aber nichts, sondern hält sich aus Menschenfreundlichkeit zurück.]

»ICH WAGE NICHT DEN WIRT ZU MACHEN, ABER ICH MACHE DEN GAST; ICH WAGE NICHT EINEN ZOLL VORZUGEHEN, ABER ICH WEICHE EINEN FUß ZURÜCK.«[2]

DAS HEIßT VORGEHEN OHNE VORGEHEN, ZURÜCKWERFEN OHNE ARMEE, NACHSETZEN OHNE ANGRIFF, GEFANGENNEHMEN OHNE WAFFEN.[3]

KEIN GRÖßERES UNHEIL [im Lichte der erbarmenden Liebe], ALS LEICHTFERTIG ANZUGREIFEN.[4]

---

[1] St. Julien: „Voici ce que disait un ancien guerrier: Je n'ose donner le signal, j'aime mieux le recevoir. Je n'ose avancer d'un pouce, j'aime mieux reculer d'un pied." Wilhelm sagte, es sei ein Sprichwort (S. 80).

Sunzi, Die Kunst des Krieges, Aus dem Chinesischen von Hannelore Eisenhofer, Nikol, 2. Aufl., Hamburg 2013, S. 33: „Wer den Feind ohne Schlacht besiegt, versteht sich wirklich auf die Kriegsführung."

[2] Geldsetzer/Hong, Chin. Phil., S. 116, deuten die *Strategie* als Ausfluss der Handlungstheorie: das Nichts könne erscheinen wie das Sein, und das Sein könne das Nichts wirken lassen.

[3] R. Simon kommentiert, der Krieg habe zur Zeit der Streitenden Reiche (481-221 v. Chr.) zum Alltag gehört; das „Prinzip" der Bescheidenheit, Genügsamkeit werde auf militärisches Handeln übertragen, sodass der Sieg durch die Zurückhaltung bedingt sei (S. 214).

[4] Knospe/Brändli (S. 69) lesen so wie Kopp (S. 98): „als den Feind zu unterschätzen", bei Debon (S. 98, 135) ist zu lesen: „als ohne Feind zu sein". Dies ließe sich vielleicht so verstehen, dass jede Regierung einer Opposition bedarf, mit welcher sie im Austauschverhältnis stehe. Vgl. H. Pačić, Wissenschaft und Demokratie, BoD, Norderstedt 2021, S. 16.

LEICHTFERTIG ANZUGREIFEN IST NAHEZU [damit gleichzusetzen,]
UNSEREN SCHATZ ZU VERLIEREN. DENN — STOßEN ENTGEGENSTEHENDE
HEERE AUFEINANDER, SO SIEGT, WER BARMHERZIG IST.[1]

---

[1] Es siege, schreiben Wilhelm (S. 80) und Knospe/Brändli (S. 69), wer
es schweren Herzens tue; wer trauere, der werde siegen, ist bei Debon
zu lesen (S. 98).

Der frühe Daoismus vertritt, wie Simon schreibt, den Vorrang der
Humanität in einem aufgezwungenen Kampf (S. 214). Er übersetzt den
letzten Satz mit Bezug auf das „Mitleiden" (S. 215).

Vielleicht ist mit Han, Abwesen, S. 22, zu sagen, dass die „Trauer"
in diesem Kap. dazu geleitet, es *so* zu deuten, dass der Sieg, von dem
da die Rede ist, kein Sieg ist, der sich einer bestimmten Kriegsstrategie
verdankt, sondern ein Sieg, „der erhaben ist über den *Unterschied* von
‚Sieg' und ‚Niederlage'."

70. Kapitel.

MEINE WORT SIND LEICHT ZU VERSTEHEN, SEHR LEICHT ZU BEFOLGEN; KEINER IN DER WELT VERMAG SIE ZU VERSTEHEN, KEINER ZU BEFOLGEN.[1] DIE WORTE HABEN EINEN URHEBER, DIE WERKE HABEN EINEN GEBIETER; DIESER NUR WIRD [verkannt,] NICHT VERSTANDEN, DESHALB WERDE [auch] ICH NICHT VERSTANDEN.[2] DIE MICH VERSTEHEN, SIND WENIGE; DEMGEMÄß WERD' ICH [wenig] GESCHÄTZT.[3] DAHER KLEIDET SICH DER HEILIGE MENSCH IN WOLLE UND BIRGT DIE JUWELEN.[4]

---

[1] Vgl. Mt 11,28-30: „Kommt zu mir alle, die ihr voll Mühsal und beladen seid: ich will euch ausruhen lassen. Nehmet mein Joch auf euch und lernet von mir; denn ich bin sanft und von Herzen demütig, [...] mein Joch ist mild und meine Bürde ist leicht."

[2] Vgl. Jesu Worte in Joh 5,30: „Von mir aus kann ich nichts tun: so wie ich es höre, so richte ich – und mein Gericht ist gerecht, weil ich nicht meinen Willen suche, sondern den Willen dessen, der mich gesandt hat." Und (Joh 5,37f.): „Weder seine Stimme habt ihr je gehört noch seine Gestalt gesehen – aber auch sein Wort habt ihr nicht in euch wohnen". Und (Joh 13,15): „Ein Beispiel habe ich euch gegeben, dass auch ihr einander tut, wie ich euch getan habe." Sowie (Joh 15,17): „Das gebiete ich euch, dass ihr einander liebet." Vgl. aus dem 1. Kap bei Joh (1,1ff.): „Im Anfang war das Wort, [...] Es war das wahre Licht, [...] Es war schon in der Welt, [...] jedoch die Welt erkannt' es nicht."
Carus bezog „master" auf „Reason" (S. 133). St. Julien übersetzte: „mes actions ont une règle", meine Handlungsweise folgt einer *Regel*.

[3] Knospe/Brändli lesen, es seien nur wenige, die mich verstehen, und jene, die über mich schimpfen, seien angesehene Leute (S. 70); Debon meinte, „die Mir folgen" seien angesehen (S. 99). St. Julien: „Ceux qui me comprennent sont bien rares. Je n'en suis que plus estimé." Carus: „Those who understand me are few, and thus I am distinguished."

[4] Vgl. Mt 7,6: „Gebt das Heilige nicht den Hunden und werft nicht eure Perlen den Schweinen hin; sie könnten sie sonst mit ihren Füßen zertreten und sich umkehren und euch zerreißen!"
Simon spricht von „Sackleinen" und „Edelsteinen"; er bemerkt, der Unscheinbare trage Kostbarkeiten in sich, worum nur ein kleiner Kreis wisse (S. 216 f.).

71. Kapitel.

ERKENNEN DAS NICHT-ERKENNEN [,] [die Grenzen der Erkenntnis in Bezug auf das Transzendente, das dem Denken immanent ist,] IST DAS HÖCHSTE.[1] NICHT ERKENNEN DAS [bedingte] ERKENNEN [des Absoluten] IST KRANKHEIT.[2] WEN NUR DIE KRANKHEIT KRÄNKT, [wer dieses Gebrechen fühlt und begreift,] DER IST DADURCH [darüber hinausgetreten, also] NICHT-KRANK.[3] DER HEILIGE MENSCH IST NICHT KRANK, WEIL IHN SEINE KRANKHEIT KRÄNKT. DAHER IST ER NICHT KRANK.[4]

---

[1] R. Simon spricht von „Wissen", „Nicht-Wissen" und „Mangel", wobei er das Wissen auf die Kenntnisse über angemessenes Verhalten und regelgerechtes Handeln bezieht, „wie es in der konfuzianischen Lehre zusammengefasst ist" (S. 218 f.).

[2] Debon versteht dies so, dass es darum gehe, um sein Nichtwissen zu wissen, hingegen sei es krankhaft, um sein Wissen nicht zu wissen (S. 71). Z. W. Kopp meint, die Größe liege im Wissen um sein Nichtwissen, und um sein Nichtwissen *nicht* zu wissen, *das* sei Leiden (S. 100).

[3] P. Carus: „To know the unknowable that is elevating. Nor to know the knowable that is sickness. Only by becoming sick of sickness we can be without sickness."

[4] St. Julien: „Savoir et (croire qu'on) ne sait pas, c'est le comble du mérite. Ne pas savoir et (croire qu'on) sait, c'est la maladie (des hommes). Si vous vous affligez de cette maladie vous ne l'éprouverez pas. Le Saint n'éprouve pas cette maladie, parce qu'il s'en afflige. Voila pourquoi il ne l'éprouve pas."

72. Kapitel.

FÜRCHTET DAS VOLK NICHT DAS FURCHTBARE, [d. i. die Strafgewalt,] DANN KOMMT [bei Gesetzlosigkeit, Verbrechen] DAS FURCHTBARSTE [,] [d. i. Gewalt].[1] KEINEM SEI ZU ENG SEINE WOHNUNG, KEINEM ZU BESCHRÄNKT SEIN LEBEN [,] [d. i. die Lebensweise; Kriminalität ist kein Ausweg]! MACHT MAN SICH'S NUR NICHT ZU BESCHRÄNKT, DANN IST'S AUCH NICHT ZU BESCHRÄNKT.[2] DAHER DER HEILIGE MENSCH [−] SICH SELBST ERKENNT [er], [wiewohl er] NICHT SICH SELBST ANSIEHT; SICH SELBST LIEBT [er], [obschon er] NICHT SICH SELBST HOCHSCHÄTZT [,] [d. h. der Günstigkeit für würdiger erachtet].[3] DARUM LÄSST ER JENES [,] [d. i. Selbstsucht,] UND ERGREIFT DIESES [,] [das sind Selbstachtung und Zufriedenheit].

---

[1] Paulus sagte: „Willst du dich nicht vor der Obrigkeit fürchten, so tue das Gute, […]. Tust du freilich das Böse, so hast du Grund zu fürchten: denn sie trägt das Schwert nicht umsonst" (Röm 13,3f.).

R. Simon übersetzte: „Wenn das Volk die Macht nicht respektiert", dann trete größere Machtvollkommenheit auf den Plan; es solle keine Verdrängung von den Orten geben, wo sich das Volk aufhält; man solle ihm seine Lebensweise nicht verleiden (S. 221).

Julien hat das „plus redoutable" als den Tod („la mort") gedeutet. Debon (S. 101) übersetzte: „Erst wenn das Volk vor deiner Macht nicht bangt, Hast du die größte Macht erlangt."

[2] Z. W. Kopp liest, man solle nicht *ihren* Lebensraum einengen bzw. *ihr* Leben mühsam machen (S. 101); ähnlich übersetzte Debon (S. 101).

[3] Carus: „Therefore, the holy man knows himself but does not display himself. He holds himself dear but does not honor himself." Vielleicht ist hierdurch gesagt, dass Selbstlosigkeit nicht selbstausbeuterisch ist: man gibt auf sich Acht, nur überhebt man sich dabei nicht (vgl. Kopp, S. 101; Knospe/Brändli, S. 72).

73. Kapitel.

HAT MAN MUT, ZU WAGEN, DANN TÖTET MAN; HAT MAN MUT, NICHT ZU WAGEN, [d. i. zu begnadigen,] DANN LÄSST MAN LEBEN.[1] DIES BEIDES IST BALD NÜTZLICH, BALD SCHÄDLICH.[2]

>>WAS DEM HIMMEL IST VERHASST,

WER ERKENNT, WARUM DAS?<<[3]

DAHER HÄLT ES DER HEILIGE MENSCH FÜR SCHWER.[4]

---

[1] Statt „was" übersetzt Z. W. Kopp: „wem" der Himmel zürnt (S. 102). Vgl. Paulus in Röm 6,23: „der Sold der Sünde ist der Tod – das Gnadengeschenk Gottes aber ist ewiges Leben". Und an anderer Stelle (Röm 11,32) sagte er: „In Ungehorsam hat Gott alle zusammengeschlossen – um sich aller zu erbarmen."

M. Gandhi sagte: „Wo Liebe ist, dort ist Leben. Der Hass führt zur Zerstörung." (S. 51, Aus einer Rede vor Textilarbeitern in Ahmedabad, März 1918).

[2] Carus: „Courage, if carried to daring, leads to death; courage, if not carried to daring, leads to life. Either of these two things is sometimes beneficial, sometimes harmful. 'Why 't is by heaven rejected, Who hast he reason detected?'" Bei St. Julien zu lesen: „De ces deux choses, l'une est utile, l'autre est nuisible."

[3] R. Simon spricht davon, „was die Natur ablehnt" (S. 223).

[4] Z. W. Kopp sagte, der Weise bleibe „bedächtig" (S. 102). V. v. Strauss meinte (S. 317-320), es gehe darum, dass der Mensch zwar wisse, es dürfe nur das, was der *Himmel* hasse, den Tod nach sich ziehen, doch könne man leicht fehlgreifen, das Schädliche statt des Nützlichen tun. Er zog daraus aber nicht den naheliegenden Schluss, dass der Mensch dem Text zufolge *nicht* dazu ermächtigt ist, in des Himmels Namen zu richten (hinzurichten); das Kapitel ließe sich vielleicht als Plädoyer für *Säkularisierung* ausdeuten.

DES HIMMELS [Verfahrens-]WEISE IST:

>ER STREITET NICHT, UND WEIß ZU ÜBERWINDEN,

ER REDET NICHT, UND WEIß ANTWORT ZU FINDEN,

ER RUFT NICHT, UND MAN KOMMT SELBST VOR IHN,

LANGMÜTIG WEIß ER DOCH HERBEIZULEITEN.

DES HIMMELS NETZ FASST WEITE WEITEN,

KLAFFT OFFEN – UND LÄSST NICHTS ENTFLIEH'N.«[1]

---

[1] Obwohl die „Maschen groß" seien, schreiben Knospe/Brändli (S. 73), „entschlüpfe" nichts dem Netz des Himmels. R. Wilhelm sagt, das Netz sei „weitmaschig", doch ihm entgehe nichts (S. 84).

Vgl. die Worte von Jesus in Mt (7,1f.): „Richtet nicht, damit ihr nicht gerichtet werdet. Denn so, wie ihr richtet, werdet auch ihr gerichtet werden, und", fügte er hinzu, „mit dem Maße, mit dem ihr messt, wird auch euch gemessen werden."

74. Kapitel.

FÜRCHTET DAS VOLK NICHT DEN TOD, WIE WILL MAN ES MIT DEM TODE SCHRECKEN? WENN MAN [aber] MACHT, DASS DAS VOLK STETS DEN TOD FÜRCHTET, [weil es das Leben liebt, da ihm das Nötige gewährt, gesichert und unbelastet ist,] UND [wenn] WIR [dann] DEN, DER SCHRECKLICHES TUT, ERGREIFEN UND TÖTEN KÖNNEN: [Wie wäre das zu beurteilen?] [Es wäre Blutrache, also Unrecht!] WER WAGT ES? [Niemand, der Tugend hat!] IMMERDAR GIBT'S EINEN BLUTRICHTER, DER TÖTET.[1] WENN MAN ANSTATT DES BLUTRICHTERS TÖTET, DAS HEIßT ANSTATT DES ZIMMERMANNS BEHAUEN [,] [d. h. es wäre anmaßend].[2] WENN MAN ANSTATT DES ZIMMERMANNS BEHAUET, BLEIBT SELTEN DIE HAND UNVERWUNDET.[3]

---

[1] Debon spricht von einem „Scharfrichter", „der richtet" (S. 103), Kopp von (nur) einer „Macht", die über Leben und Tod entscheide (S. 103), Wilhelm sagt, es gebe „aber einen, der das Töten überwacht" (S. 85).
[2] V. v. Strauss dachte an einen Strafprozess, denn er merkte an, nicht jeder sei befugt, Strafen zu verhängen und zu vollziehen, dies sei dem ordentlichen Strafrichter vorbehalten (S. 321 f.); Strauss interpretierte den Text im Sinne eines Verbotes, Selbstjustiz zu üben. Knospe/Brändli übersetzen jedoch, es gebe einen „natürlichen" Todesrichter, der diese Aufgabe erfülle (S. 74).
[3] Vielleicht ist das Kap. mit Simon so zu deuten, dass hier *zwei konträre Positionen* zur Todesstrafe skizziert werden (S. 226 f.). Zunächst werde sie als stumpfe Waffe dargestellt, schreibt Simon, die niemand fürchte, weil sie lange Zeit nicht angewendet worden sei. Die Gegenposition sei die, dass sich Furcht vor dem Tod verbreiten ließe und mit Hinrichtung von Rebellen die Herrschaft gesichert wäre, wogegen der Text nun die *daoistische* Auffassung setze, dass in bestehende Lebensabläufe nicht einzugreifen sei; ein solcher Eingriff würde sich bitter rächen (S. 227).
Der Todesstrafe ist also die Moralität, *alle Sittlichkeit abgesprochen*; sie entspringt allen drei „Wurzeln des Übels" – (Hab-)Gier, Hass (Zorn) und Ignoranz (Verblendung). Gandhi sagte, „Gewaltfreiheit" sei in ihrer Anwendung das *Wohlwollen* allem Leben gegenüber, reine Liebe, und fügte hinzu: „Ich fand sie in den Schriften der Hindus, in der Bibel und im Koran" (S. 55, aus Young India, 9. März 1922).

75. Kapitel.

Das Volk hungert, weil seine Obrigkeit zu viel Abgaben verzehrt. Deshalb hungert es.[1] Das Volk wird schwer regiert, weil seine Obrigkeit zu tun hat [,] [d. h. sie beuten Zeit und Kräfte des Volkes für ihre Bauten und Unternehmungen aus, während sie seine Freiheit unleidlich beschränken]. Deshalb wird es schwer regiert.[2] Das Volk achtet den Tod gering, weil es [*ihr*] Lebensübermaß verlangt [,] [sohin jenen Luxus, der ihm versagt ist]. Deshalb achtet es den Tod gering. Nur wer nichts um des [maßlosen] Lebens willen tut, ist weise gegen den, der das Leben [im Übermaß] hochschätzt.[3]

---

[1] 2 Kor 8,13f: „Und ihr sollt auch nicht in Bedrängnis kommen, damit andere erleichtert werden, sondern [...]: euer Überfluss soll bei diesem Anlass den Mangel anderer ausgleichen, damit auch deren Überfluss eurem Mangel zugutekomme und so der Ausgleich werde".

[2] Während Kopp (S. 104) und Knospe/Brändli (S. 75) von „Einmischen" sprechen, sagt Debon, dass sie „tätig" seien (S. 104), Wilhelm schreibt, dass sie „zu viel machen" (S. 86). P. Carus: „The people are difficult to govern because their superiors are too meddlesome."

[3] Geldsetzer/Hong, Chin. Phil., S. 104, übersetzen: „Wer das Nichts im Leben walten lässt, ist besser als der, der (nur) das Leben schätzt."

R. Simon meint, der Text analysiere, ohne zur Rebellion aufzurufen, die Ausbeutung und Unterdrückung der Bevölkerung, und mache ihr insofern Mut, als er ihr dazu rate, sich darauf zu besinnen, dass es kein unwürdiges Leben gebe (S. 228).

76. Kapitel.

Der Mensch tritt ins Leben weich und schwach; er stirbt hart und stark. Alle Wesen, Kräuter und Bäume treten ins Leben weich und zart; sie sterben vertrocknet und dürr. Darum [gilt]: [Das] Hart[e] und Stark[e] [,] [das Feste] ist des Todes Geselle, [das] Weich[e] und Schwach[e] [als Nichtgebrauch von Härte und als Zurückhaltung von Stärke] ist des Lebens Geselle. Daher siegt ein Kriegsheer dann nicht, wenn es stark ist. Ein Baum ist dann, wenn er stark [,] [ausgewachsen] ist, geliefert [,] [d. h. er fällt alsbald]. Stark und Groß [– ins Ethische übertragen: das, was für sich fertig und abgeschlossen, in seiner Entwicklung bereits erstarrt ist,] bleibt unten, [unterliegt,] Weich und Schwach bleibt [hingegen] oben [,] [obsiegt].[1]

---

[1] P. Carus: „The strong and the great stay below. The tender and the delicate stay above." St. Julien: „Ce qui est fort et grand occupe le rang inférieur; ce qui est souple et faible occupe le rang supérieur."

Vielleicht lässt sich dem Kap. entnehmen, dass Sitten bei kognitiver Offenheit *trotz* schlüssiger Begründung nie endgültig sein können, weil immerdar die Möglichkeit verbleibt, kritisch nach ihrem Geltungsgrund rückzufragen. Denken ist *Schließen*, Kritik ist *Öffnen* – „Philosophie" ist *Selbst*kritik; kritisches Denken ist die Wurzel der „Wissenschaft", aus kritischer Haltung erwächst „Demokratie"; Vgl. H. Pačić, Wissenschaft und Demokratie, BoD, Norderstedt 2021, S. 9, 27.

77. Kapitel.

DES HIMMELS VERFAHREN, WIE GLEICHT ES DEM, DER DEN BOGEN SPANNT.[1] DAS HOHE [,] [das obere Ende] SENKT ER AB, DAS UNTERE ERHEBT ER, [zieht es hinauf,] DAS ÜBERFLÜSSIGE MINDERT ER, DAS UNGENÜGENDE ERGÄNZT ER.[2] DES HIMMELS VERFAHREN IST: MINDERN DAS ÜBERFLÜSSIGE UND ERGÄNZEN DAS UNGENÜGENDE.[3]

DES MENSCHEN VERFAHRENSWEISE IST NICHT SO [,] [denn *von sich aus* ist er nicht auf sozialen Ausgleich bedacht]; ER MINDERT DAS UNGENÜGENDE, UM ES DEM ÜBERFLÜSSIGEN DARZUBRINGEN.[4]

---

[1] R. Simon (S. 234 f.) sagt, dies sei ein hochpolitischer Spruch, denn Dao werde als eine sozial wirksame Kraft gesehen, welche (auch) die Unterschiede zwischen Reich und Arm auszugleichen vermöge. Es geht um Fragen der (Verteilungs-)Gerechtigkeit.

[2] St. Julien: „La voie du ciel (c'est-à-dire le ciel) est comme l'ouvrier en arcs, qui abaisse ce qui est élevé, et élève ce qui est bas; qui ôte le superflu, et supplée à ce qui manque.‟

[3] Vgl. 1 Sam 2,7: „Der Herr macht arm und macht reich, er erniedrigt und er erhöht.‟ Pilatus sagte zu Jesus: „Weißt du nicht, dass ich Gewalt habe, dich freizulassen, und Gewalt, dich zu kreuzigen?‟ Darauf sagte Jesus: „Du hättest keinerlei Gewalt über mich, wenn sie dir nicht von oben gegeben wäre.‟ (Joh 19,10f.).

[4] Geldsetzer/Hong, Chin. Phil., S. 81, sehen hier die Auswirkungen der menschlichen Verhaltensweise auf die Natur angesprochen; steht eine Erkenntnis nicht im Einklang mit der Natur, so wirkt sich das Handeln schlecht auf die (Um-)Welt aus.

WER VERMAG ÜBERFLÜSSIGES DEM REICHE DARZUBRINGEN?

NUR WER TAÒ HAT.[1]

DAHER TUT DER HEILIGE MENSCH UND STÜTZT SICH NICHT DARAUF, VOLLBRINGT VERDIENSTLICHES UND VERWEILT NICHT DABEI. ER WÜNSCHT NICHT SEINE WEISHEIT SEHEN ZU LASSEN.[2]

---

[1] M. Gandhi sagte: „Der Mensch, der für sich selbst nur genug nimmt, um die in seiner Gesellschaft üblichen Bedürfnisse zu befriedigen, und den Rest für soziale Dienste ausgibt, wird zum Treuhänder" (S. 69, Aus Harijan, 3. Juli 1939). Außerdem bemerkte er, er könne sich keine Zeit vorstellen, in der kein Mensch reicher sei als ein anderer, doch könne er sich vorstellen, dass Reiche es von sich weisen, sich auf Kosten von Armen zu bereichern, und Arme aufhören, Reiche zu beneiden (S. 71, Aus Young India, 7. Oktober 1926).

Paulus schrieb (Röm 15,1f.): „Wir die Starken, sind verpflichtet, die Gebrechen der Schwachen zu tragen, [...] zur gegenseitigen Förderung im Guten!"

In der Apg (2,44f.) steht: „Alle, die zum Glauben gekommen waren, hielten fest zusammen und hatten alles gemeinsam. Den Grundbesitz und die sonstige Habe verkauften sie und verteilten den Erlös an alle, je nachdem einer es brauchte."

[2] Knospe/Brändli schreiben, er helfe, ohne Dankbarkeit zu verlangen; vollende, ohne Ehre zu fordern, denn er wolle nicht als besser als die anderen betrachtet werden (S. 77).

Vgl. Jesus in Mt 6,1f.: „Habet Acht, euer frommes Tun nicht vor die Menschen zu tragen, um es vor ihnen zur Schau zu stellen".

78. Kapitel.

NICHTS IN DER WELT IST WEICHER UND SCHWÄCHER DENN DAS WASSER, UND NICHTS, WAS HARTES UND STARKES ANGREIFT, VERMAG ES ZU ÜBERTREFFEN; ES HAT NICHTS, WODURCH ES ZU ERSETZEN WÄRE.[1]

SCHWACHES ÜBERWINDET DAS STARKE, WEICHES ÜBERWINDET DAS HARTE. KEINEM IN DER WELT IST ES UNBEKANNT, UND KEINER VERMAG ES [ohne Demut, ohne selbstlose Liebe] ZU ÜBEN [,] ES ANZUWENDEN.

DAHER SAGT DER HEILIGE MENSCH:

»TRAGEN DES LANDS [oder Volkes] UNREINIGKEITEN [oder Sünden], [sie auf *sich* nehmen, dafür einstehen,] DAS HEIßT [für das Volk] VORAN BEIM HIRSEOPFER SCHREITEN.[2]

---

[1] B.-Ch. Han, Abwesen, S. 105, sagte, Wasser sei insofern in-different, als es *in sich* keine Form, keine Innerlichkeit habe; es sei dem *Wesen*, das *sich* behaupte, entgegengesetzt, denn es übe keinen Zwang aus, sei nachgiebig und anschmiegsam. Han ergänzt: „Wer Zwänge ausübt, erleidet Zwänge."

[2] Z. W. Kopp übersetzt: wer die Schmach im Land auf sich nehme, sei als *Priester* anerkannt (S. 107). Vgl. Ex (2. Mos) 19,6: „Ihr aber sollt mir als ein Königreich von Priestern und als ein heiliges Volk gehören." Vgl. aus dem Petrusbrief (1 Petr 2,9f.): „Ihr aber seid ein auserwähltes Geschlecht, eine königliche Priesterschaft, ein Volk [...] Einst wart ihr ein Nichtvolk, jetzt aber seid ihr Gottes Volk". Vgl. Häbr (5,1.6): „Jeder Hohepriester ward aus der Reihe der Menschen genommen und für die Anliegen der Menschen bei Gott bestellt, um Gaben und Opfer für ihre Sünden darzubringen. [...] Priester bist du auf ewig nach der Ordnung des Melchisedech." Paulus schrieb an die Römer (12,1f.): „So mahne ich euch," „bringet euren Leib als lebendige, heilige, Gott wohlgefällige Opfergabe dar, als euren geistigen Gottesdienst", „wandelt euch durch Erneuerung des Sinnes, um durch Erfahrung zu lernen, was der Wille Gottes ist, das Gute", und er sagte (12,9f.): „Die Liebe sei ohne Falsch! Verabscheut das Böse, haltet fest am Guten", ebenso wie (12,17ff.): „Vergeltet niemandem Böses mit Bösem: seid bedacht auf das, was edel ist in den Augen aller Menschen; haltet möglichst, soweit es auf euch ankommt, mit allen Menschen Frieden!", „Lass dich vom Bösen nicht überwinden, sondern überwinde das Böse durch das Gute!" In Jesaja 53,11 steht: „Mein Knecht, der Gerechte, macht die Vielen gerecht; er lädt ihre Schuld auf sich."

TRAGEN DES LANDES NOT UND PEIN, [sie verantworten,]
DAS HEIßT DES REICHES KÖNIG SEIN.«[1]
WAHRE WORTE WIE UMGEKEHRT.[2]

---

[1] Vgl. Jesus in Joh 18,36: „Mein Königreich ist nicht von dieser Welt."
[2] St. Julien: „Les paroles droites paraissent contraires (à la raison)." P.
Carus: „True words seem paradoxical." Nach G. Debon klingen sie „oft
wie Gegensinn" (S. 107). V. v. Strauss meinte, dies könnte ein älterer
Reimspruch sein: „Wer Wahrheit lehrt, spricht als verkehrt." (S. 335).

79. Kapitel.

VERSÖHNT MAN GROßEN GROLL, SO BLEIBT SICHERLICH GROLL ÜBRIG.[1] WIE KANN MAN [durch Aussöhnung] GUT MACHEN [,] [was doch im Herzen wurzelt]?[2] DAHER ÜBERNIMMT DER HEILIGE MENSCH [,] [der Feinde versöhnt,] DEN LINKEN VERTRAG, [d. i. nur die Pflicht,] UND TREIBT [seine Forderungen] NICHT VOM ANDERN EIN.[3] WER TUGEND HAT, BESORGT DEN VERTRAG; WER KEINE TUGEND HAT, BESORGT DAS AUSZEHNTEN [,] [d. h. er hebt das vertraglich Gebührende ein].[4]

DES HIMMELS TAÒ HAT KEINE GÜNSTLINGE, IMMERDAR GIBT ER DEM GUTEN MENSCHEN.[5] [Der heilige Mensch legt keinen Wert darauf, dass die Widersacher seine Wohltaten als Wohltaten schätzen; zwar ist er gegen den guten Menschen freigebig und wohltätig, doch erfüllt er gegen die nichtguten Menschen seine Pflicht.][6]

---

[1] St. Julien: „Si vous voulez apaiser les grandes inimitiés des hommes, ils conserveront nécessairement un reste d'inimitié." P. Carus: „When a great hatred is reconciled, naturally some hatred will remain. How can this be made good?"

[2] G. Debon fragt, wie wir uns „trotzdem" mit „den andern gut" stellen (S. 108); R. Wilhelm aber, wie man das „für gut halten" könne (S. 90).

[3] Nach Debon übernimmt er den „linken Teil der Schuldverschreibung", denn beim Abschluss eines Handelsgeschäftes seien zwei Kerbhölzer verwendet worden, die aneinanderpassen; und der *Gläubiger* habe den linken behalten (S. 108, 137). Knospe/Brändli schreiben, er nehme den Schuldschein, aber treibe die Schuld nicht ein (S. 79). Nach R. Wilhelm nimmt er „die schwere Verpflichtung" auf sich und „lädt sie nicht den anderen auf" (S. 90).

[4] St. Julien: „C'est pourquoi celui qui a de la vertu songe à donner, celui qui est sans vertu songe à demander." P. Carus: „Those who have virtue attend to their obligations; those who have no virtue attend to their claims."

[5] P. Carus: „Heraven's Reason shows no preference but always assists the good man." Nach Debon (S. 108) und Kopp (S. 108) gibt er (ewig) „dem, der sich als gut erweist".

[6] Vgl. das *Gleichnis von den Arbeitern im Weinberg* (Mt 20,1-16); „Ich tue dir kein Unrecht [...] Ist vielleicht dein Auge böse, weil ich gut bin?"

80. Kapitel.

Eines kleinen Landes weniges Volk[1] – mache, dass es [nur] das [amtliche] Rüstzeug von zehn Adelsleuten habe, und [mangels Streitigkeiten auch diese wenigen] nicht gebrauche; mache, dass das Volk ungern sterbe, [d. h. dass es das Leben liebe] und doch nicht in die Ferne auswandere [,] [d. h. nicht auswandern muss, weil es gut versorgt ist]; obgleich es Schiffe und Wagen hat, sie nicht zu besteigen habe [,] [sowohl, weil es nichts gibt, was es vermisst, als auch, weil keiner es vertreibt]; obgleich es Panzer und Waffen hat, sie nicht anzulegen habe [,] [weil es sich keine Feinde macht und friedfertig ist]; mache, dass das Volk wiederum Schnüre knote, und sie gebrauche [,] [d. h. zurückkehre zu einer hauptsächlich auf die Sittlichkeit ausgerichteten Lebensweise]: so ist ihm süß seine Speise, schön seine Kleidung, behaglich seine Wohnung, lieb seine Sitte.[2]

---

[1] Während Z. W. Kopp (S. 109) und Knospe/Brändli (S. 80) schreiben, ein Land *solle* klein sein, ist bei Wilhelm zu lesen: „Mag das Land klein sein und wenig Leute haben, [...]" (S. 91).

St. Julien: „(Si je gouvernais) un petit royaume et un peuple peu nombreux, n'eût-il des armes que pour dix ou cent hommes, je l'empêcherais de s'en servir." Vielleicht geht es darum, dem Aufrüsten für einen Krieg vorzubeugen, die Gesinnung des Friedens auszubilden.

[2] R. Simon zufolge verfolgen der Urtext und seine Interpretation einen antiaufklärerischen Weg, die Ablehnung der Figur des „Intellektuellen" sei nicht folgenlos geblieben, was die „Kulturrevolution" (von 1966 bis 1976) veranschauliche (S. 242). Am Ende seines Kommentars hält er gleichwohl fest, dass jenseits aller zeitbedingten Interpretationen das Kap. auch als Ausdruck der Menschheitshoffnung auf eine „friedfertige, menschliche Welt" gelesen werden könne (S. 243).

M. Gandhi hielt es „auch für eine wirklich intellektuelle Entwicklung" für sinnvoll, „sich in irgendeiner nützlichen körperlichen Beschäftigung" zu üben (S. 68, Aus History oft he Satyagraha Ashram, 11. Juli 1932).

DAS NACHBARLAND IST [gleichsam] GEGENÜBER ZU SEHEN, DER HÜHNER UND HUNDE STIMMEN SIND [gleichwie] GEGENÜBER ZU HÖREN, UND DAS VOLK ERREICHT [sozusagen dennoch] ALTER UND TOD, OHNE HINÜBERGEKOMMEN ZU SEIN.[1]

---

[1] M. Gandhi hat gesagt: „Wir können Wahrheit und Gewaltfreiheit nur in der Einfachheit des Dorflebens verwirklichen" (S. 37, Auszüge aus einem Brief an Jawaharlal Nehru, 5. Oktober 1945). Was Gandhi damit sagen wollte ist, „dass sich der Mensch auf seine tatsächlichen Lebensbedürfnisse beschränken und selbstgenügsam werden sollte" (S. 38).

81. Kapitel.

W<small>AHRE</small> [,] [treue, ehrliche] W<small>ORTE</small> [können schön sein, sie] S<small>IND</small> [aber] N<small>ICHT</small> [süß, lieblich,] A<small>NGENEHM</small>; A<small>NGENEHME</small> W<small>ORTE</small> [sind] N<small>ICHT</small> [als] W<small>AHR</small> [*an*-gedacht].[1] W<small>ER</small> [ethisch] G<small>UT</small> I<small>ST</small>, [d. i. wes Geisteshaltung gut ist,] R<small>EDET</small> N<small>ICHT</small> G<small>EKÜNSTELT</small>; W<small>ER</small> G<small>EKÜNSTELT</small> R<small>EDET</small>, I<small>ST</small> N<small>ICHT</small> G<small>UT</small> [,] [hält sich nicht *ganz* an die Sittlichkeit].[2] W<small>ER</small> E<small>RKENNT</small>, I<small>ST</small> K<small>EIN</small> V<small>IELWISSER</small>; W<small>ER</small> V<small>IELWISSER</small> I<small>ST</small>, [dessen Wissen geht zwar in die Breite, jedoch nicht in die Tiefe, daher] E<small>RKENNT</small> [er] N<small>ICHT</small> [zuverlässig].[3]

---

[1] St. Julien: „Les paroles sincères ne sont pas élégantes; les paroles élégantes ne sont pas sincères." Während Kopp (S. 110), Wilhelm (S. 92) und Knospe/Brändli (S. 81) schreiben, dass „wahre Worte" nicht schön und schöne Worte nicht wahr seien, spricht Debon von Worten, die „trauenswert" seien oder nicht (S. 110), denn es gehe nicht um die Wahrheit, sondern um „rechtes Verhalten", um das *Vertrauen* (S. 139).
[2] R. Simon: „rechtet nicht" (S. 245); Debon: „disputiert nicht" (S. 110); Kopp: „redet nicht gefällig" (S. 110); und R. Wilhelm: „überredet nicht" (S. 92).
[3] St. Julien: „Celui qui connaît (le Tao) n'est pas savant; celui qui est savant ne le connaît pas." Vielleicht besagt das, dass die Gelehrsamkeit auf dem Gefilde der *Sitten* nicht mit der *Sittlichkeit* gleichzusetzen ist.

Der heilige Mensch sammelt nicht an:

Je mehr er für die Menschen verwendet, desto mehr hat er; je mehr er den Menschen gegeben [hat], desto reicher ist er.[1]

Des Himmels Weise [oder: Taò im Himmel] ist, wohltun und nicht beschädigen;

des heiligen Menschen [Verhaltens-]Weise, [Taò als Haltung im Menschen, ist] Tun und nicht streiten.[2]

[„Geh hin und tue ebenso!]"[3]

---

[1] P. Carus: „The holy man hoards not. The more he does for others, the more he owns himself. The more he gives to others, the more he acquires himself."

Vgl. Jesus in Mt 6,19-20: „Sammelt euch nicht Schätze auf Erden, wo Motte und Wurm sie verzehren und wo Diebe einbrechen, und sie stehlen, sondern sammelt euch Schätze im Himmel, [...]. Denn wo dein Schatz ist, da wird auch dein Herz sein."

[2] St. Julien: „Telle est la voie du ciel, qu'il est utile aux êtres et ne leur nuit point. Telle est la voie du Saint, qu'il agit et ne dispute point." P. Carus: „Heaven's Reason is to benefit but not to injure; the holy man's Reason is to act but not to strive." Z. W. Kopp (S. 110), R. Wilhelm (S. 92), G. Debon (S. 110) und Knospe/Brändli (S. 81) schreiben: „wirken" bzw. „tun", „ohne zu streiten", das sei „das Tao", „der Weg", „der Sinn" „des Heiligen Menschen", „des Berufenen" bzw. „des Weisen".

Auffällig ist, bemerkt R. Simon (S. 244 f.), dass am Ende (doch) ein „Handeln" steht; im (Ur-)Vertrauen auf *Dao* (Tao). Die Sittlichkeit *eint.*

[3] Lk 10,37 (Gleichnis vom barmherzigen Samariter).